문제 없는 수학책

데카르트 수학책방이 알려주는
수학책 큐레이션

문제 없는 수학책

강미선·정유숙 지음

바른 교육 시리즈 40

서 사 원

∞

수학책만 파는 서점

'데카르트 수학책방'을 준비할 때 첫 번째 난관은 책을 분류하는 일이었다. 책장을 짜고 책을 들여놓는 일은 어렵지 않았지만, 서가를 어떻게 분류할지 결정을 못 해 한동안 테이블 위에 책을 잔뜩 쌓아놓았다. 서점의 흔한 풍경처럼 유아/아동/청소년/성인처럼 연령대로 분류하는 건 애초에 염두에 두지 않았다. 같은 연령대라도 흥미가 다르고 독서 수준이 다른데 나이로 분류하는 건 억지스럽다고 생각했다. 그렇다고 기하학/대수학/미적분학/확률통계와 같이 영역으로 분류하는 것도 마땅치 않았다. 책 한 권에 여러 영역이 섞여 있어 딱히 어느 영역에 넣기가 곤란한 도서들을 '종합'으로 분류하다 보면 그 서가만 넘칠 게 분명하니까. 게다가 국내에서 출간되는 수학 단행본이 영역별로 구분할 만큼 세분화되지도 않았다.

불광천 앞 작은 책방을 찾아오는 독자 한 명 한 명을 상상해 보았다. 수학 책방에 일부러 찾아오는 분이라면 나름대로 분명한 목적이 있을 것이다. 책방지기를 만나면 "이런 책 있나요?" 하고 물어볼 작정을 하고 오는 것일 수도 있다. 여기까지 상상하자 바로 고민이 해결되었다.

'서가를 목적별로 분류하면 되지!'

서가에는 '수학에 흥미 붙이기' '수학에 자신감 갖기' '수학에 빠져들기' '수학과 화해하기' '수학 잘 가르치기' '수학 더 넓게 보기'라는 라벨이 붙었다.

세상 어디에도 없는 수학책만 파는 책방을 여는 우리에게 응원과 걱정이 쏟아졌다. 수학은 가까이 다가가기엔 너무 멀고 낯선 난제인 걸까? 우리는 수학과 사람들 사이에 얽힌 오래된 오해를 풀고 수학과 친해지는 길로 인도하는 안내자가 되고 싶었다. 그 길엔 수학책이 있다.

수학을 썩 좋아하지는 않는다는 6학년 아이는 우리에게 이런 말을 건넸다.

"오늘 아침에도 수학 문제를 잔뜩 풀고 왔어요. 그땐 수학을 왜 배우는지 몰랐는데 여기 와보니 그 이유를 알게 되었어요."

책방이 어땠길래 그런 생각을 했을까?

"별거 없을 줄 알았는데, 여기 와서 수학책들을 보니까 저절로 그런 생각이 들었어요."

아이의 말에 책방을 열길 참 잘했구나 싶었다. 수학책을 펼치면 문제집에선 절대 찾을 수 없는 '진짜 수학'을 만난다. 우리 책방 한쪽 벽에는 "수학이 좋아요" 또는 "수학을 좋아하게 될 것 같아요"라고 쓴 아이들의 방명록이 가득 붙어 있다. 〈만들면서 공부하는 수학〉이라는 특강을 마치고 나서 "이렇게 재미있는 수학은 처음 봐요"라고 쓴 아이도 있다. "여기는 따뜻한 느낌이에요"라고 수줍게 다가와 말하는 아이들도 있다. 그렇다. 처음부터 이런 느낌이었다면 수학을 싫어하는 아이들은 없을 텐데…. 수학을 싫어하는 어른으로 자라나 '수학과 화해하기'를 하지 않아도 될 텐데…. 우리는 수학을 기분 좋게 만나야 한다. 그런 느낌이나 경험은 수학에 대한 인식을 바꾼다. 아니 처음부터 긍정적으로 심어준다.

우리가 직접 읽은 수학책으로 책방을 채웠다. 그중 추천하고 싶은 책을 엄선해 이 책에 실었다. 다만 시리즈의 경우 지면 관계상 대표되는 첫 권의 서지정보만 실었으니, 특별한 언급이 없는 한 시리즈 전권을 살펴보는 것을 추천한다. PART 1에서는 수학과 친해지기 위한 책을 4단계(미취학, 초등 저학년, 초등 중학년,

초등 고학년)로 나누어 소개한다. 아이들을 위한 책이지만, 부모가 보고 참고해야 할 사항이 많다. 수학에 벽이 느껴지는 어른들도 함께 보면 좋다. PART 2에서는 수학에 대한 고민별로 에피소드를 묶어 편견과 두려움을 버리고 수학의 세계로 빠져드는 데 유용한 책을 소개한다. 본격적으로 수학을 공부하는 중학생부터 수학을 다시 공부하고 싶은 어른, 수학을 더 깊게 탐구하고 싶은 마니아까지 즐길 수 있는 책을 실었다. 마지막으로 PART 3에서는 수학을 가르치는 교사와 부모에게 길잡이가 될 책을 소개한다.

이 책의 제목인 '문제 없는 수학책'에는 2가지 의미가 담겨 있다. 첫째는 데카르트 수학책방에는 일반적인 문제집이 없다는 뜻이고, 둘째는 문제집이 아닌 이런 교양서로 수학을 접하다 보면 어려운 개념도 자연스럽게 익혀 수학 학습에 문제가 없을 거라는 뜻이다.

수학이 좋아서, 수학이 싫어서, 수학이 궁금해서 데카르트 수학책방에 찾아온 손님과 수학을 사랑하는 책방지기의 첫 번째 이야기보따리를 풀어놓으려 한다. 읽을수록 아름답고 재미있는 수학책의 세계로 빠져보자.

수학에 대한 오래된 오해

강미선 책방지기

×

우리가 수학을 싫어하는 진짜 이유

어느 날 '수학과 화해하기' 코너 앞에서 성인용 교양 도서를 살펴보던 30대 엄마가 말했다.

"왜 수학책마다 서문에 '수학을 싫어하는 아이들이 너무 많다'로 시작하는 걸까요?"

순간 당황스러웠다. 그분과 나는 동시에 노란 소파에 앉아

『무한호텔』을 읽고 있던 아이를 봤다. 이제 막 초등학생이 된 그 아이는 수학을 좋아한다. 엄마는 살짝 흥분된 목소리로 "여기도 보세요" 하며 읽고 있던 책의 서문을 나에게 내밀었다.

어느 모임에 갔다가 자기소개를 했더니 그 자리에 있던 사람들이 고개를 저으며 "와우~ 끔찍한 학문을 연구하시는군요"라고 했다. 그렇다. 사람들은 수학을 싫어한다.

다른 책의 서문도 펼쳤다.

수학을 좋아하는 사람들은 거의 없다.

"수학책에 다 이렇게 쓰여 있으니까 수학을 좋아하던 아이들도 저절로 싫어하게 될 것 같아요."
"그러게요…."
나는 얼굴이 벌겋게 달아올랐다. 각자 다른 시대와 다른 지역에 살았던 수학책 저자들이 한목소리로 말하는 이유는 수학을 좋아하는 사람보다 싫어하는 사람을 더 많이 만났기 때문일 것이다. 하지만 누구든 태어나면서부터 수학을 싫어할 리는 없다. 태어날 때는 수학을 모르니까. 아이들은 숫자를 좋아하고, 무한의 끝을 궁금해하며, 수학이 던진 퀴즈를 맞힐 때 희열을 느낀다.

그렇다면 우리가 수학을 싫어하게 된 진짜 이유는 뭘까? 학교든, 학원이든, 엄마표 수학이든, 풀고 싶지 않게 가르치는 어른들 탓이 아닐까? 풀고 싶은 마음이 들기도 전에 '풀어야만 하는' 수학을 더 먼저, 더 많이 경험했다면, '수학 공부'를 하면서 마음에 상처를 입었다면 수학을 좋아하기 어려울 수밖에…. 수학을 문제집으로 배우는 아이들, 수학을 배우며 입은 상처를 대물림하는 어른들은 점점 수학과 멀어져간다. 수학이 싫어지는 건 수학 점수로 편 가르기를 하는 순간부터다. 수학 문제집이 넘쳐나고, 수학 학원도 넘쳐나고, 수학 때문에 아픈 아이들도 넘쳐나는 세상이다. 수학은 사고력을 기르는 과목일 뿐 머리 좋은 아이와 그렇지 않은 아이로 편을 가르는 과목이 아니다.

"수학은 문제만 잘 풀면 되지."

어느 날 책방에 온 엄마가 이렇게 말하는 걸 들었다. 초등 고학년 아들과 함께 온 부부였다. 아이가 책을 몇 권 골랐는데, 그책들 말고 본인 책을 한 권 샀다. 그분이 내게 물었다.

"이런 수학 책방에 아이들도 오나요? 아이들은 바쁘니까 어른들이 오겠지요?!"

자문자답이었다. 내 대답을 듣고 싶었다고 한들 사실 난 할 말이 없었다. 우선 아이들이 어른보다 바쁘다는 표현이 마음에 걸렸다. 아이들이 책 읽을 시간조차 없다는 건 너무 슬픈 일이 아닌가. 나는 상처를 입었다. 말이 나오지 않은 건 그 때문이었다.

수학을 교양으로 받아들인다면, 수학에서 고통이 아니라 휴식을 느낄 수 있을 텐데. 수학도 취미가 될 수 있고, 하나의 교양이 될 수 있다. 음악이나 미술을 감상하는 게 한때는 사치였던 적도 있었지만 이제 누구나 편하게 즐길 수 있는 취미이자 교양이 된 것처럼 수학도 하나의 교양으로 인정받았으면! 이런 말을 하면 (대놓고 말하진 못하더라도 속으로) "배부른 소리하고 있네!"라고 말하겠지….

"수학을 즐기는 게 뭔가요?"

이렇게 묻는 분들에게는 뭐라고 답해야 할까.

어느 수학 동아리 회원들처럼 수학 문제를 푸는 것도 즐기는 것이다. 숫자와 기호, 도형이 있는 수학 문제 말고도 수학은 많다. 퍼즐 문제를 푸는 것도 즐기는 것이고, 어디서 사야 싸게 사는지를 따지는 행위도 사실은 수학을 즐기는 것이다. 여행 일정을 짜는 게 즐거운 사람도 이미 수학을 즐기고 있다. 세계사 책을 읽듯 수학사 책을 읽을 수도 있고, 소설을 읽듯 수학자의 일대기를 읽을 수도 있다. 그렇다. 수학을 대하는 마음이 편안하면 그게 바로 즐기는 것이라고 하자.

문과도 수학이 재밌다

우리는 언제부터 문과, 이과를 나누게 됐을까? 문과, 이과를 나누는 기준이 으레 수학이라는 것이 참으로 안타까운 일이다. 문과는 당연히 수학을 싫어하고, 못할 거라는 아주 오래된 오해에 대해 할 말이 많다. (그렇다고 내가 학교 수학을 무척 좋아했다고는 말할 수는 없지만…) 나는 국어, 역사, 지리를 무척 좋아했고, 상대적으로 수학엔 관심이 덜했기 때문에 문과를 선택했다.

분류하고 분석하고 배치하기를 좋아했던 터라 유독 문법을 좋아했다. 음운 규칙이나 문장구조, 정형화된 구조가 아름다운 고전시가가 좋았다. 성경이나 신화에 관심이 많아서 실존했던 사건인지 아니면 지어낸 이야기인지 알고 싶어서 파고들다 보니 나도 모르게 연표와 시대 흐름을 연결 지어 생각했다. 역사를 공부하면 지도는 필수였다. 한 나라의 흥망성쇠에 지리적 위치는 결정적인 이유가 되니까. 제일 좋아했던 교과서가 '사회과 부도'였는데 거기엔 표와 자료와 지도와 연표, 지명까지 정말 없는 것이 없었다. 난 영락없이 완전한 문과였다.

이런 과목에 비해 수학은 혼자 재미를 붙이기 어려운 과목이었다. 그때는 학원도 별로 없을 때라 학교 선생님밖에 물어볼

데가 없었다.

"선생님, 확률통계가 너무 어려워요. 어떻게 공부하면 좋을까요?"라는 질문에 "문제 200개만 외우면 돼"라는 대답이 돌아왔다. 나는 좌절했다. 수학 공부법 책도 찾아봤다. 대부분 유형별로 외우라거나 오답노트를 만들어 외우라는 식이었다. 닥치는 대로 외우면서 수학 공부를 했는데 문제를 풀 때마다 밑 빠진 독에 물 붓는 기분이었다.

고3 거의 막바지에 당시 이과반 선생님과 우연히 나눈 대화가 내 수학 운명을 바꿨다. 학생들과 수학 공부할 때 서로 자기 풀이가 맞다고 옥신각신하던 신기한 선생님이었다. '선생님이 맞는 게 당연한 거 아닌가?' 여러 가지로 여느 선생님과 조금 달랐다.

"어이, 정유숙이. 너 국어나 역사할 때는 안 그런데, 왜 수학만 하면 그렇게 바보 같냐?"

"바보라니요? 제가 얼마나 노력하는데요."

"아니, 노력만 하면 뭐 하냐고, 생각을 안 하는데."

나는 분했다. '선생님은 내가 얼마나 공부하는지도 모르면서.'

"너 역사 공부할 때 무작정 외우냐? 연표랑 지도는 왜 보는데? 그냥 연도랑 왕 업적만 외우면 되는 거 아니냐?"

"선생님 어디 가서 그런 소리 마세요. 그런 소리 하면 무식하

단 소리 들어요."

"그렇게 유식한 애가 왜 수학 공부할 때는 무식한 방법을 쓰는데? 네가 국어, 역사 공부하듯 수학도 공부해봐."

이 대화가 내 수학 공부의 변곡점이었다. 선생님은 수학 개념을 알려주거나 문제 푸는 비법을 알려주지는 않았다. 수학을 대하는 내 자세를 지적했을 뿐이다.

다른 어떤 과목보다도 생각을 많이 해야 하는 수학을 나는 언제부터 암기과목 대하듯 하게 된 걸까? 사람들이 역사나 지리를 암기과목이라고 여길 때 나는 한 번도 그 과목들이 암기과목이라고 생각해본 적이 없었다. 하나의 사건은 반드시 다음에 일어날 일의 원인이 되고, 이유 없이 벌어진 일은 없었다. 정신을 가다듬고 수학을 다시 봤다. 수학도 마찬가지였다. 어떤 개념이 등장할 때 땅에서 솟은 게 아니고 하늘에서 떨어진 것도 아닌데, 왜 그 개념의 앞뒤를 살펴보려고 하지 않았을까? 문제를 보면 얼른 풀어서 답만 내려고 했지 무엇을 묻고자 하는지, 어느 개념에서 연결된 문제인지 왜 한 번도 생각해보지 않았을까?

나는 수학 문제에 익숙하지 않았을 뿐 생각하는 법을 모르는 사람이 아니었다. 새로운 마음으로 수학을 마주했고 고등학교를 졸업하고도 수학 공부를 중단하지 않았다. 중학교 수학부터 시작해서 '미적분 I'까지 꼼꼼하게 공부했다. 여섯 권의 개념노트가 생겼고, 그걸 밑천으로 과외도 했다.

스스로 기특하게 여겼던 부분은 대학에서 '국어교육과 학생이 무슨 수학이야'라며 선을 긋지 않고, 경제수학과 통계학 수업도 당당하게 신청했다는 것이다. 학점은 개의치 않았다. 수학은 새로운 탐구의 영역이었으며 내게 제3의 눈을 선물했다. 수학을 가까이하면서 내 지식은 훨씬 체계가 잡혔다.

문과라고 수학을 무조건 꺼리거나 두려워할 필요가 없다. 문과생들은 수학을 이야기로, 철학으로, 또는 역사로 접근하면 된다. 자기가 잘 아는 것에서 시작하면 된다. 읽다 보면 익숙해지고, 익숙해지면 쉽고 재밌어진다. 마치 친구를 사귈 때 알면 알수록 더 궁금해지고, 더 할 얘기가 많아지는 것처럼 수학도 구석구석 궁금해지기 마련이다. 그러다 어느 순간 아무렇지 않게 수학책을 집어 드는 날이 온다. 내가 이 나이에 초등수학을 공부하기 위해 대학원에 들어간 것처럼.

Contents

PART 1　**수학과 친해지기 | 미취학 아동~초등**
　　　　── **이과형 아이로 키우는 평범하지만 아주 특별한 비밀**

1단계　**미취학 아동**
수학에 대한 호기심을 키우는 단계 - 아이들은 숫자를 좋아한다

PART 1

수학과 친해지기

미취학 아동~초등

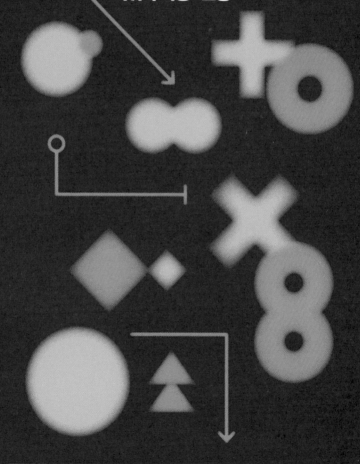

이과형 아이로 키우는 평범하지만 아주 특별한 비밀

미취학 아동

수학에 대한 호기심을 키우는 단계

아이들은 숫자를 좋아한다

첫 만남은 아름답게 。

One 일

캐드린 오토시 지음, 이향순 옮김
북뱅크 | 2016. 05.

Zero 영

캐드린 오토시 지음, 이향순 옮김
북뱅크 | 2017. 01.

한글을 모르는 어린 아이부터 초등 1, 2학년까지 다양한 나이대의 아이들을 대상으로 책을 읽어줘야 한다면 어떤 책이 좋을까? 글밥 적은 그림책이 좋다. 더 어린아이에게 맞추는 거다. 못 알아듣는 부분이 많으면 흥미가 떨어지고, 한두 명이 웅성거리기 시작하면 몰입도가 확 떨어지기 마련이니까. 그림은 글을 모르는 아이들도 이해한다. 특히 그림책 삽화는 그것만으로도 무슨 이야기인지 알 수 있다. 책을 펼치자마자 아이들이 책에 몰입할 수 있는 건 이야기보다 힘이 센 그림 덕분이다.

『One 일』과 『Zero 영』 두 책은 표지부터 아이들의 눈을 사로잡는다. 하얀 표지에 붓으로 쓱 그려 넣은 One, 그리고 알파벳 'O'의 빈 곳을 채운 파란 수채화 물감. 반면에 텅 빈 우주를 연상케 하는 까만 표지에 멋스럽게 휘갈겨 쓴 숫자 '0'. 두 표지의 확연한 대비가 꽤 흥미롭다. 특히 『One 일』은 E. B. 화이트 그림책 상 등 미국에서 15개 상을 받을 만큼 큰 주목을 받았는데, 저자의 독특한 이력에도 눈길이 간다. 저자는 〈스타워즈〉 시리즈, 〈몬스터 하우스〉 등의 그래픽 디자이너이자 아트디렉터로서 영상물 작업도 하고 있다. 그래서인지 시각화나 스토리텔링이 돋보인다. 과연 숫자 1과 0만으로 책 한 권이 될까 싶었는데, 글자를 모르는 아이들도 이야기를 만들어낼 수 있을 만큼 충분히 감동적이다.

이 책의 도입부에는 숫자가 아닌 다양한 '색깔'이 등장한다. 주황, 노랑, 자주, 초록, 파랑이 '빨강'의 힘에 눌려 있는데, 심지어 '파랑'은 빨강에게 지속적으로 괴롭힘을 당한다. 어느 날 나타난 '1'이 당당하게 빨강에 맞서자, 그에 용기를 얻은 다른 색깔들도 함께 맞서면서 숫자로 바뀐다. 아이들은 파랑을 한결같이 응원한다. 마침내 파랑과 빨강이 친구들을 따라 숫자로 바뀌자 "와, 다행이다" 하며 안도의 한숨을 내쉰다. 숫자들의 변신에 아이들 마음이 움직인다.

『Zero 영』은 다른 숫자가 되고 싶던 '0'이 모양을 바꾸지 않고 다른 숫자들과 어울리는 방법을 찾아내는 이야기다. 0의 행동이 요즘 말로 웃프다. 0은 1처럼 돼보려고 밀고, 당기고, 쭉 늘여도 보고, 납작 엎드려 보지만 소용없다. '8'처럼 몸을 꼬아도 보고, '9'처럼 꼬리를 만들어보려고 애쓴다. 이런 0의 행동에 아이들은 웃음을 터뜨리기도 하고 안타까워하기도 한다. 결국 0은 남을 따라 하는 걸 포기하는데, 이때 아이들 입에서 탄식이 흘러나온다. "안 돼, 포기하지 마!" 드디어 마지막에 이르러서야 0의 진가가 드러난다. 100, 1000, 10000… 숫자 뒤에 0이 붙으며 계속 큰 수를 만들어가면, 0이 점점 커지다가 마침내 굵고 진한 0이 된다. "와!" 아이들에게 0이 자랑스러워지는 순간이다.

데카 책방에 오신 손님 중에 젊은 이과 엄마가 있었다.

"제가 뼛속까지 이과라 아이랑 수학 그림책을 읽다가도 수학 공식 얘기할까 봐 걱정돼요."

4살짜리 아이랑 어떤 수학책을 읽어야 좋을지 모르겠다며 고민을 털어놓는 엄마에게 이 책을 추천했다. 아이와 하면 좋을 물감 놀이도 귀띔해주었다.

"파랑 물감은 흐리다가 점점 진하게, 빨강은 처음엔 작게 그리다 점점 크게, 숫자 1은 반듯하게, 나머지 2, 3, 4, 5, 6, 7은 물감을 잔뜩 묻혀서 써보세요. 0은 처음엔 가늘고 흐물흐물하게 그리다 나중엔 굵고 선명하게 그려보세요. 직접 그려보면 그림책에 더 빠져들게 될 거예요."

뼛속까지 이과라던 엄마는 아이와 물감 놀이를 하며 잃어버린 감성을 되찾지 않았을까? '어린 애들 수학이라는 게 계산만 잘하면 되는 거 아니야?' '수학 그림책은 수학 개념을 알려주려고 읽히는 거지. 감성이나 교훈을 주긴 어렵지 않을까'라고 생각하는 모든 어른에게 이런 감성적인 수학책도 있다고 알려주고 싶다.

차례로 용기 내어 파랑을 지켜준 숫자 1, 2, 3, 4, 5, 6, 7과 텅 빈 숫자 같았지만, 뒤에 붙으면 붙을수록 커지는 대단한 힘을 가진 0을 만난 아이들에게 이 책은 어떻게 기억될까?

숫자를 구해주세요

애쉴리 N. 소렌슨 지음, 데이비드 마일스 그림, 김지연 옮김 | 우리교육 | 2018. 10.

숫자를 싫어하는 어린이가 많아지자 숫자들이 얼어붙었다. 아이들이 숫자를 불러주고 응원하면 점점 주위가 따뜻해지며 숫자들이 녹는다. 아이들은 숫자에 생명을 불어넣은 이 책에 푹 빠진다. 숫자가 얼지 않도록 큰 소리로 숫자를 읽으면 더 재미있다.

괜찮아 아저씨

김경희 지음 | 비룡소 | 2017. 01.

아저씨 머리카락이 하나씩 빠지며 10에서 0까지 거꾸로 세는 책이다. 머리카락은 세 가닥씩 묶이기도 하고, 두 가닥씩 묶이기도 해서 수를 세는 재미가 있다. 대머리가 되어도 싱글벙글한 아저씨의 긍정적인 모습이 책을 읽는 이의 기분까지 밝아지게 한다.

수의 성질이 궁금한 아이로 。

신기한 숫자나무

마르코 트레비잔 지음
사각파이 | 2024. 07. 출간 예정

    책방을 홀로 지키던 4월. 이탈리아에서 열리는 볼로냐아동도서전에 갔던 강미선 선생님에게서 문자가 왔다.

    "이거 어때요?"

    예쁜 그림책 표지였다. 강미선 선생님이 여러 부스를 돌다가 이 책 앞에 시선이 멈췄다고…. 우리는 첫눈에 반했다. 나뭇가지가 뻗은 모습을 보고 약수를 표현하고 있다는 걸 알아챘다. 강 선생님과 같이 있던 일행들은 "이게 무슨 수학책이냐?"라고 어리둥절해했지만, 수학을 사랑하는 사람의 눈에는 보인다. 예쁘게 뻗은 나뭇가지 하나하나가 사실은 수를 나타내고 있다는 걸. 아이들이 수의 성질을 자연스럽게 깨우칠 수 있는 쉽고 재미있는 책이 있으면 좋겠다는 생각을 늘 하고 있었는데, 이탈리아에서 발견하다니 감사한 일이었다.

우리는 이 책을 번역해 국내 독자들에게도 소개하기로 했다. 한국어판 『신기한 숫자나무』를 엮으며 우리는 이 책에 더 빠져들었다. 우선 진짜 그림책다워서 반가웠다. 그림책은 표지부터 말을 건다. 한 장 한 장 넘길 때마다 '뭘 담고 있는 거지?' 호기심이 돋아나며 책에 빠져든다. 희한하게 '수학'이라는 타이틀을 달면 그림책의 본질을 잊는 경우가 많은데, 이 책은 '진짜 그림책'이다. 온전히 그림만으로 수학적인 설명을 다 한다.

『신기한 숫자나무』는 0시에 시작해서 23시까지 하루 24시간 동안 숫자나무를 둘러싼 숲속 친구들의 즐거운 하루가 담겨 있다. 이 책에 나오는 수는 시간도 나타내고, 나뭇가지의 개수와 숲속 친구들의 수도 나타낸다. 숫자 6은 아침 6시를 의미하고, 숲속 친구(잠에서 깨는 요정 1명과 고양이 1마리, 생쥐 3마리, 아침을 알리는 닭 1마리)도 모두 6이다. 색깔도 숫자를 가리킨다. 6은 연두색이다. 고깔모자, 고양이 수염, 생쥐 꼬리, 닭의 깃털은 모두 연두색이다. 수가 달라지면 색깔도 달라진다.

이 책의 주인공이자 아이들이 수의 세계로 빠져들게 할 마법의 키는 바로 나무다. 나무에 숨겨진 비밀을 아이들은 발견할

수 있을까? 아마 발견한다면 아이들 눈이 휘둥그레질 것이다. 숫자 6에 나무는 3그루인데, 곱셈을 이용해 6을 표현할 방법이 3가지라는 의미이다.

$$1 \times 6, \ 2 \times 3, \ 3 \times 2$$

나뭇가지 개수를 세어보면 아이들도 어느새 곱셈의 의미를 깨닫는다. 어린아이들에게 6은 초콜릿 6개나 우리 반 친구 6명 일 뿐이다. 6을 두 수를 곱한 곱의 꼴로 나타내는 건 초등학교 2학년에서 배우고, 6의 약수에 대해서는 5학년에 가서 배운다.

책에 등장하는 숫자들은 모두 고유의 색이 있는데 회색은 1, 노란색은 2, 하늘색은 3이다. 회색 기둥 1에 노란색 나뭇가지 2 개에 하늘색 나뭇가지 3개가 만나 6을 상징하는 나무가 된다.

11처럼 곱셈으로 나타내는 방법이 하나밖에 없는 경우도 있다. 나무도 1그루다. 11처럼 약수가 1과 자기 자신밖에 없는 수를 소수(prime number)라고 한다. 소수를 나타내는 나무는 기둥에서 한꺼번에 가지가 뻗어나간다.

어떤 아이든 수를 세고 숫자를 익히기 시작할 때가 있다. 보통 100까지 나와 있는 포스터를 벽에 붙여두고 같이 읽으며 수를 익히게 하지만, 그 전에 수를 이미지로 보여줘야 한다. 숫자는 기호고, 그림은 기호로 가는 중요한 연결 고리이다.

어서 우리나라 아이들에게도 이 책을 읽게 하고 싶어 가슴이 두근거린다. '아이들이 이 책을 만나면 몇 번이고 다시 들여다보면서 새로운 이야기를 만들어내겠지?' '나뭇가지가 의미하는 걸 알게 되면 얼마나 신이 날까?'

한국어판에는 글 없는 그림책도, 수학도 낯설 엄마들을 위해 친절한 해설을 준비했다. 『신기한 숫자나무』의 비밀을 알면 훨씬 재미있게 책을 읽을 수 있다. 0시부터 23시까지 숲속의 24가지 장면을 아이의 하루와 관련지으며 이야기를 만들어보자.

숫자도깨비!

리차드 이반 슈바르츠 지음, 이윤진 옮김 | 지양어린이 | 2020. 03.

리차드 이반 슈바르츠는 자신의 어린 딸들에게 소수와 소인수분해를 알려주기 위해 이 책을 썼다. 『신기한 숫자나무』가 어린아이들이 읽기에 좋다면 『숫자도깨비!』는 소수에 매료된 아이들이나 유독 수를 좋아하는 아이들이 좋아할 만하다. 1부터 100까지의 수를 다루는데, 한쪽엔 소수의 곱의 꼴로 나타낸 인수나무를, 다른 한쪽엔 숫자도깨비 그림으로 나타내 두 쪽을 나란히 비교하며 볼 수 있다. 저자는 독자를 세심하게 배려해 인수나무와 숫자도깨비에 대한 설명을 따로 적어두었다. 30쪽까지는 부모를 위한 페이지다. 미취학 아동이 봐도 좋지만, 곱셈을 배운 초등 저학년 친구들에게 보이는 게 더 많을 것이다.

숫자라는 만만치 않은 기호 。

뒤죽박죽 숫자 아파트

토니 브래드먼 지음, 미겔 앙헬 산체스 그림, 김경희 옮김
제제의숲 | 2023. 04.

6살 아이를 키우며 유아 수학 학습지 회사의 교재개발부서에서 근무하고 있다는 엄마가 왔다. 이분은 자녀교육이 아니라 회사 일 때문에 스트레스를 받고 있었다. 다음과 같은 질문을 하는 학부모가 많은데, 어떻게 설득해야 할지 고민이 많다고 했다.

"우리 아이는 1부터 10까지 벌써 읽고 쓸 줄 아는데 뭐 하러 1 따로 2 따로 이렇게 공부하나요?"

대한민국에서 수학은 진도도, 계산도 남보다 빠를 때 안심하는 과목이다. 특별히 누가 일러주어서 그렇다기보다 분위기가 그렇다. 그러니 그런 질문을 하는 것도 당연하다. '겨우 1부터 10까지 숫자를 익히는 데, 이렇게까지 공들일 필요가 있을까?'라고 생각하는 부모가 대부분일 테니까.

학부모들이 숫자를 천천히 알아가는 과정의 중요성을 알려면 숫자를 어떻게 사용해왔는지 그 역사를 먼저 알 필요가 있다. 지금 우리가 쓰는 숫자는 인도-아라비아 숫자다. 우리나라는 숫자를 '한자(漢字)'로 썼다. 하나는 一(가로선 1개), 둘은 二(가로선 2개), 셋은 三(가로선 3개)으로 인도-아라비아 숫자보다 더 직관적이다. 숫자를 보면서 동시에 몇 개인지 알 수 있으니까. 유럽에서 쓰던 로마 숫자도 마찬가지다. 반면 인도-아라비아 숫자는 1, 2, 3, 4, 5, 6, 7, 8, 9, 0, 숫자의 모양과 개수가 전혀 연관성이 없다. 그래서 처음 숫자를 배우는 아이 입장에서는 한자나 로마자와 달리 금방 익숙해지긴 어렵다.

이미 인도-아라비아 숫자에 익숙해진 어른들은 아이들이 숫자를 익히는 게 너무나 간단한 일이라고 여길 수도 있다. 그러나 장난감을 세면서 입으로 '수를 세는 것'과 '숫자를 쓰는 것'은 별개의 문제다. 꽤 긴 기간 그려도 보고, 색도 칠해보고, 벽에 붙여놓고 읽어보기도 하면서 친해지는 시간을 가져야 비로소 자연스럽게 숫자를 쓰게 된다.

처음 숫자와 친해지는 데 도움되는 책이 바로 『뒤죽박죽 숫자 아파트』다. 이 책에서는 숫자가 사람처럼 아파트에 살고, 밥도 먹고, 잠도 자고, 불평불만을 늘어놓기도 한다. 이 책을 읽으면서 아이들은 각 숫자의 생김새에 맞는 소파도 찾아보고, 의자 개수도 맞춰본다. 숫자 '1'은 토스트기에 8개의 구멍이 있는 것이 불편하고, '10'은 텔레비전 채널이 3개밖에 없는 것이 불만이다. 각 숫자에 맞는 아파트를 찾으면서 아이들은 숫자의 특징을 알게 된다. 그러면서 숫자와 쉽게 친해진다.

이 책에는 숫자를 처음 만나는 아이들에게 부모가 친절한 안내자가 될 수 있도록 아이들과 함께 나눌 이야깃거리를 제공한다. 책을 읽기 전에 앞표지와 뒤표지의 그림을 보고 상상의 나래를 펴도록 한다.

"왜 숫자들이 새로 이사한 집에서 곤란을 겪는 걸까요?"

"어떤 뒤죽박죽 사건이 일어난 걸까요?"

또한 책을 허투루 보지 않게 이런 미션을 주기도 한다.

"아이에게 그림 속의 여러 가지 물건을 세어보라고 권해주세요."

"아파트의 가구나 물건에 숨어 있는 숫자를 찾아보라고 하세요."

책 뒷부분에는 재미있는 숫자놀이도 있다. 숫자를 알고 있더라도 수와 양의 일치가 능숙하지 않은 4살 무렵부터 숫자를 쓸 때 순서를 헷갈리지 않고 망설임 없이 쓱쓱 쓰는 연습이 필요한 8살까지 아이들에게 필요한 책이다. 숫자라는 기호를 익히는 데에는 큰 수를 다루는 책보다 이렇게 작은 것에 집중한 책이 오히려 더 도움이 된다.

○ 함께 읽으면 좋은 책 ○

수학이 좋아지는 숫자놀이 그림책

클레어 시피 지음, 에밀리 골든 그림, 강은정 옮김 | 노란우산 | 2017. 02.

숫자와 친해지려면 시간이 필요하다. 서커스장 미로도 찾고, 숫자를 순서대로 찾아서 점도 잇고, 미로찾기도 하고, 숫자 암호도 깬다. 숫자와 친해지는 다양한 놀이가 가득해서 재미있게 놀다 보면 어느새 숫자에 익숙해지는 마법 같은 책이다.

펭귄과 숫자 세기

장뤼크 프로망탈 지음, 조엘 졸리베 그림, 박선주 옮김 | 보림 | 2020. 10.

이 책은 단위를 붙였을 때 10까지의 수를 어떻게 읽는지 알려준다. 숫자 옆에 단위가 있을 때 읽는 방식이 달라지는데, 예를 들어 1마리는 '한 마리'라고 읽지, '일 마리'라고 읽지 않는다. 2마리도 '두 마리'라고 읽지, '이 마리'라고 읽지 않는다. 아이들은 펭귄과 놀면서 숫자 읽기를 배울 수 있다.

숨어 있는 숫자를 찾다 보면
생기는 능력 。

1부터 100까지 숫자책

아만다 우드 · 마이크 졸리 지음, 앨런 샌더스 그림, 최용석 옮김
풀과바람(영교출판) | 2020. 02.

"수학 그림책을 어떻게 읽어줘야 할지 모르겠어요" "선생님이 읽어주실 땐 알겠다가도 집에 가서 읽어주려면 잘 안 돼요"라고 하소연하는 분들이 많다. 그래서 '데카르트 수학 학교'에서 〈수학 그림책 읽는 법〉이라는 강의를 열었다. 그림책 한 권을 읽어주려고 한 시간을 수업한다면 믿어지지 않겠지만, 수학 그림책은 생각보다 많은 내용을 담고 있다.

『1부터 100까지 숫자책』은 수 세기에 좋은 책이라고 생각했는데, 강의를 준비하면서 숫자에 대한 시각적 인지 능력을 높이는 책이라는 걸 재발견했다. 제목을 보면 1부터 100까지 나올 것 같은데, 『동물을 세다 보면 숫자가 쏙쏙』처럼 숫자가 빠짐없이 들어간 책은 아니다. 게다가 『동물을 세다 보면 숫자가 쏙쏙』은 그림이 복잡하게 꽉 차 있어서 어른들은 "아이고" 하고 책을 덮고 만다. 아이들은 그 매력에 빠져들지만.

책방 단골손님 중 유독 『1부터 100까지 숫자책』을 좋아하는 6살 아이가 있다. 들어오자마자 이 책부터 집어 들고 소파로 간다. 이 책을 한 번 읽어야 다른 책을 본다. 글자도 별로 없는 책을 어찌나 열심히 보는지. 책방에 온 첫날, 책을 산 이후로 매일 들여다본다는데, 책방에 와서도 굳이 같은 책을 또 보니 엄마로선 이해가 안 갈 법하다. 겨우 숫자 책인데? 이미 숫자도 다 알고 있는데? 도대체 어떤 매력이 있길래 아이는 매번 보고 또 보는 걸까?

우리는 그렇게 숫자에 흠뻑 빠진 아이를 보고, "와, 애는 머리가 좋은 것 같아요. 수학 머리가 있나 봐요"라고 말하곤 한다. 뇌를 들여다볼 수도 없으니 추측일 뿐이다. 그렇지만 한 가지 확실한 것은 수학을 잘하는 아이들은 관찰력과 기억력이 좋다는 점이다. '관찰'을 잘하려면 먼저 잘 봐야 한다. 이때 눈으로 보고 필요한 정보와 필요 없는 정보를 구분하는 능력이 '시지각력'이다. 시지각력은 처음부터 완성된 것이 아니라 훈련을 통해 키워지는 능력이다.

그럼 시지각력을 키우기 위해 어떻게 훈련해야 할까? 사고력 수학 학원에 보내듯이 학원에 가서 해야 하나? 아니다. 이런 능력을 훈련시키기 위한 워크북이 바로 『1부터 100까지 숫자책』이다. 아이와 소파에 앉거나 침대에 엎드려 생쥐를 찾고, 모자 쓴 범인을 찾고, 넥타이 개수를 센다. 짝이 될 수 있는 것을 찾고, 나뭇가지로 만든 숫자도 찾는다. 아까 셌던 것을 또 세고, 잘못 세면 처음부터 다시 세면서 수와 양을 일치시킨다. 이 책의 매력은 볼 때마다 새로운 걸 찾아낼 수 있다는 데 있다.

처음부터 끝까지 무조건 부모와 같이 볼 필요는 없다. 시작만 몇 번 같이 하거나 적절한 질문만 던져주면 된다.

"우와! 여기 기차가 지나가네."

"11개인 것이 뭐가 있을까?"

"너무 귀여운 알이 있다. 꽤 알이 큰데? 알을 다 찾아볼래?"

이렇게 한두 번 질문하면 나머지는 아이들이 찾을 수 있다. 공부하듯이 하지 말고, 놀고 즐기면서 하는 것이 중요하다. '하루에 네 쪽씩 보기' 같은 원칙이나 목표는 절대 금물!

함께 읽으면 좋은 책

수학을 배우는 숨은그림찾기

노란우산 유아콘텐츠연구소 지음, 비비아나 가로폴리 · 이영아 그림 | 노란우산 | 2023. 07.

숨은그림찾기로 주변 그림을 자세히 관찰하는 힘을 키울 수 있는 책이다. 유아 누리과정 자연탐구 놀이책으로 수학과 과학이 자연스럽게 연계되어 교육적 효과가 높다.

동물을 세다 보면 숫자가 쏙쏙!

제니퍼 코신스 지음, 공민희 옮김 | 라이카미 | 2020. 01.

지구에 사는 100마리의 멋진 동물을 세어보는 책이다. 1번 동물부터 100번 동물까지 세다 보면 1부터 10은 적어도 90번 이상 셀 수 있다. 지루하지 않게 반복 학습을 유도하는 효과가 있다. 게다가 동물 그림이 만화 같지 않고 실사에 가까워서 동물을 좋아하는 아이들에게 인기가 좋다.

재미있는 지식 그림책의
필요충분조건。

할머니가 네모 빵을 구웠대!

와타나베 데츠타 지음, 미나미 신보 그림, 한미숙 옮김
천개의바람 | 2020. 12.

"어머! 할머니가 네모 빵을 구웠대! 그런데 이 동물들은 뭐지? 몽땅 먹으면 안 돼! 반은 남겨줘! 도대체 무슨 얘기일까?"

호들갑을 떨면서 책을 집어 든다. 아이들이 관심을 가지든지 말든지 첫 장을 펼치고 소리 내어 읽기 시작하면 어느새 아이들이 내 주변에 몰려와 앉는다.

"여보 명심해요. 빵을 먹더라도 반은 남겨줘요!"

할머니는 검지를 꼿꼿하게 세우고 단단히 일러두지만, 하회

탈 같은 미소를 띤 할아버지 표정만 봐도 그 말이 지켜지지 않을 것 같은 느낌이 든다. 딱 반만 먹고 남긴 할아버지, 다음 장을 넘기면 강아지가 나타나는데 할아버지는 강아지에게 이렇게 말한다.

"반은 남겨둬."

웃는 아이 절반, 걱정하는 아이 절반이다.

"어떡해. 먹으면 안 돼!"

아이는 책 속의 인물로 동화되어 급기야 탄식을 내뱉는다. 이쯤 되면 아이들은 이미 『할머니가 네모 빵을 구웠대』에 빠져든 거다.

수학책과 데면데면한 30개월 아이부터 6세 아이들까지 재미있게 보는 이 책은 유아용 분수 책으로 철저하게 전략적으로 만들었다. 목적은 '반'의 뜻을 알게 하자! 그러기 위해선 할머니가 동그란 빵이 아니라 네모 빵을 구워야 한다. 동그란 빵을 반씩 자르려면 반드시 중심을 지나야 하고, 점점 얇아져서 계속해서 반으로 자르기 어렵다. 그리고 빵이 아무리 작아져도 반지름의 길이는 똑같아서 뒷부분에 등장하는 사마귀나 벌 같은 곤충이 먹기엔 여전히 빵이 크게 느껴진다. 한편 네모 빵은 가로와 세로를 번갈아 반씩 자르면 모양은 여전히 네모지만 크기가 줄어드는 게 확실하게 보인다. 할머니보다 할아버지가 작고, 할아버지보다 강아지가, 강아지보다 고양이가, 고양이보다 암탉이, 암탉보다 사마귀가, 사마귀보다 벌이 작다. 빵이 작아지

면서 등장인물도 계속 작아진다. 그래야 아이들이 '반'씩 줄어
드는 걸 체감할 수 있으니까.

이 책을 읽고 아이와 네모난 카스테라를 사서 실제로 반씩
잘라보자. 빵 대신 A4용지를 반씩 잘라도 된다. 6세 이상이라
면 할머니가 생각한 '반'과 동물들이 생각한 '반'은 왜 달랐는지
이야기를 나눠보자. 엄마가 특별히 책 읽어주는 기술이 없어도,
아이가 숫자나 분수를 몰라도, 나누어 먹을 줄만 알면 '반'을 알
수 있는 재미있는 책이다.

아이에게 수학 그림책에 대한 좋은 인상을 심어주고 싶다
면 꼭 이 책을 읽어보시라. 독자 중 가장 까다로운 독자는 어린
이 독자다. 어른은 지겨워도 필요하면 본다. 어린이는 재미없
으면 가차 없이 돌아선다. 단순히 아이를 깔깔거리며 웃게 만
드는 게 아니라 아이의 감정을 점점 고조시키는 책이 재미있는
책이다. 말의 리듬, 적당한 반복과 반전, 짜임새 있는 구조 등이
갖춰져 있을 때 아이들이 보고 또 보는 책이 된다. 게다가 수학
그림책은 지식 그림책이라 한 번에 많은 내용을 담으면 이해하
기 어렵다. 그런 책을 읽다 보면 숨이 턱턱 찰 때가 있다. 이 책
은 오로지 '반'으로 나누는 데만 집중했다. 『할머니가 네모 빵
을 구웠대』는 이렇게 까다로운 조건을 만족시켜 어린이 독자의
마음을 사로잡았다.

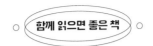

함께 읽으면 좋은 책

스테고사우르스에게 수학은 절대 안 돼!

라슈미 서데슈판데 지음, 다이앤 이웬 그림, 루이제 옮김 | 에듀앤테크 | 2022. 02.

 스테고사우르스가 숫자를 배운다면 어떻게 될지 상상하면서 수학을 왜 배워야 하는지, 수학을 하면 무슨 일을 하게 될지 알려주는 책이다. 특히 수학은 덧셈, 뺄셈 등의 연산뿐 아니라 로켓을 우주로 보내는 일도 할 수 있다는 걸 보여준다. 수학을 배우고 싶은 마음을 불러일으키는 책이다.

발 하나는 얼마나 클까요?

롤프 마일러 지음, 최인숙 옮김 | 이음 | 2019. 11.

 우리에게 친숙한 도구인 '자'는 어떻게 탄생했을까? 엉뚱해 보이는 이 질문을 생각하게 만드는 책이다. 왕은 자신의 발 사이즈로 침대 크기를 재서 왕비의 침대를 만들라 명령하고, 꼬마 목수는 자기 발 사이즈로 가로 세로를 잰 다음 침대를 만든다. 왕은 작은 침대를 만든 목수를 감옥에 가두는데, 곰곰이 생각하던 목수는 발 크기가 달라서 생긴 문제라는 걸 알아챈다. 왕의 발을 본 뜬 석고를 구해 다시 침대를 만들어 목숨을 구한 목수. 영미권 단위 'feet'는 왕의 발에서 나온 단위다. 이 이야기를 읽으면 수학 덕분에 사람들이 싸울 일이 줄어들게 되었다는 걸 알게 된다.

수학과 그림, 상상력의
환상적인 컬래버레이션。

고양이 칠교놀이

마런쿠 링 지음, 마르타인 린던 그림, 최인숙 옮김
이음 | 2019. 11.

첫째가 9살, 둘째 아이가 3살 무렵, 방학이 되면 갈 데가 없었다. 다행히 동네에 도서관이 있어 어린이실에서 아이들과 함께 드러누워서 책을 보곤 했다. 요즘은 도서관에 좋은 공간과 프로그램이 많지만 10년 전만 해도 그렇지 않았다. 도서관에 어린이실이 있다는 것만으로도 감지덕지했다. 사고력도 키우고 의미 있는 시간도 갖기 위해 우리만의 여름방학 특별 프로그램을 만들었다. 이름하여 '다른 점을 찾아라'. 한 달 동안 앤서니 브라운과 존 버닝 햄의 작품만 읽기로 했다. 녹음도 하고 그림도 따라 그리면서 두 작가의 작품에서 다른 점을 찾으려고 했다.

우리를 사로잡았던 활동은 『앤서니 브라운의 행복한 미술관』에서 본 '세이프 게임(shape game)'이었다. 빈 종이에 내가 먼저 색깔 펜으로 아무 도형을 그린다. 그러면 아이는 토끼를 떠올리며 거기에 꼬리도 붙이고, 귀와 다리도 그려넣고, 눈과 콧수염까지 그려넣는다. 영락없이 토끼가 완성된다. 이 게임은 아이에겐 상상력을, 나에겐 자유를 선물했다. 우린 그해 여름방학이 지나고도 몇 년간 계속했다.

『교양이 칠교놀이』를 보고 '세이프 게임'이 생각났다. 이 책은 겨우 일곱 조각의 칠교로 고양이, 강아지, 악어, 나무, 공룡, 새를 만들어 이야기를 엮어낸다. 앉아 있는 고양이, 나무 위에 앉은 고양이, 고양이 얼굴, 서 있는 새, 날아가는 새까지 변화무쌍하다. 사물을 구체적으로 묘사하지 않고 도형 몇 개만으로 본질적인 특징을 보여줌으로써 무수히 많은 사물을 표현할 수 있다니! 수학과 상상력의 기막힌 결합이다.

그런데 칠교는 삼각형 5개, 사각형 2개, 단 일곱 조각으로 만들어야 한다는 약점을 안고 있다. 고양이 모양으로 칠교 조각을 배치해도 상대방이 고양이처럼 안 보인다고 하면 그만이다. 이 책에선 칠교의 약점을 그림이 보완한다. 앞장에 색이 같은 칠교로 만든 모양이 나온다. '이것'에 '고양이'라고 이름을 붙이지 않았다. 뒷장을 넘기면 칠교로 만든 고양이 그림이 나온다. 처음엔

'저게 고양이라고?' 갸우뚱하던 아이들이 칠교판에 그려진 그림을 보면서 '와~ 진짜 고양이네!' 하며 흥미로워한다. 다음 모양의 정체는 무엇일지 궁금한 아이들은 서둘러 책장을 넘긴다.

복잡하지 않은 이야기, 궁금증을 자아내는 칠교놀이, 작가의 상상력이 가미된 그림까지 아이들을 꽉 붙들어 맬 요소가 가득하다. 만들어진 칠교를 눈으로 보는 것보다 손으로 직접 만들어봐야 도형 감각이 착 붙는다. 부록에 하늘색 칠교판이 딸려 있다. 7개의 도형을 직접 움직이며 직접 만들어볼 차례다. 이 책으로 수학 버전 '세이프 게임'을 해볼 수 있지 않을까?

아! 혹시 다들 알고 있을까? 지금은 초등학교 1, 2학년 교과서에 수록되어 아이들의 놀이가 된 칠교가, 오래전 귀족들이 즐기던 놀이였다는 걸.

함께 읽으면 좋은 책

아가씨와 여우

박영신 지음 | 보리 | 2019. 03.

『고양이 칠교놀이』보다 칠교로 만들 수 있는 예제가 더 풍부하게 담겨 있는 책이다. 지은이가 그래픽 아트 디자이너이자 예술 그림책 작가라 색감과 글씨 배치까지 신선하다. 상상력과 공간 구성 능력을 함께 키우기에 적합한 책이다.

설명하기 전에
보여주는 시간도 필요해 。

농부 달력

김선진 지음
웅진주니어 | 2022. 03.

"이 책도 수학책인가요?"

　손님들이 이렇게 묻는 책이 있다면 대체로 『농부 달력』이다. 이 질문을 받는 날이면, 고개를 갸웃거리는 어른들에게 『농부 달력』이 왜 수학책인지 나의 지론을 펼치곤 한다. 어른들이 아는 수학의 모습과 아이들이 아는 수학의 모습은 매우 다르다. 수학의 역사를 보면 왜 그런지 고개를 끄덕이게 된다. 수학은 처음부터 논리적으로 체계화된 학문이 아니다. 수학은 규칙적으로 반복해서 일어나는 자연현상을 궁금해하면서 시작됐다. 초기의 수학은 어떻게 하면 자연현상을 예측하고 효율적으로 분배할 수 있을까 고민하는 과정에서 발전했다. 그래서 아이들 수학은 '관찰'에서 시작된다. 변하지 않는 것과 변하는 것을 구분하고, 그 특징을 찾아 분류하면서 사고를 키운다.

『농부 달력』은 눈으로 직접 관찰할 수 없는 시간의 흐름을 서정적인 그림으로 보여준다. 이를테면 '1월 24일'처럼 명확히 구분된 시간이 아니라 봄, 여름, 가을, 겨울, 뭉텅뭉텅 잘라낸 시간의 덩어리를 보여준다. 연한 연두색에서 물기 잔뜩 머금은 진한 초록색을 지나, 노랗고 붉게 물든 단풍이 되고 바짝 마른 회색 나뭇가지만 남기까지. '시간'을 보여주는 풍경이 담담하게 흘러간다. 할아버지, 할머니의 구시렁거리는 대화에서, 계절마다 바뀌는 옷에서, 밥상에 오르는 제철 음식에서도 시간을 관찰할 수 있다.

처음에는 아이들이 그림만 보게 해도 좋다. 작은 글자들은 잘 보이지 않아도 그림의 변화는 눈에 띈다. 아이들은 그림을 따라 그리기도 하고 색을 칠하기도 한다. 이 책에는 본문 외에 농부 할아버지, 할머니와 주변 사람들이 하는 말이 배경처럼 깔려 있다.

"버스 곧 출발합니다잉."

"아이고, 성님. 잘 지내셨소."

처음 책을 읽어줄 땐 걸쭉한 전라도 사투리를 맛깔나게 살려

대사 위주로 읽어주면 아이들은 영화나 드라마 보듯 그림책에 더 몰입한다. 아이가 책과 친해진 후에 본문을 읽어주자. 그럼 시간을 나타내는 단어들을 더 또렷하게 받아들일 거다.

어른들이 "수학책이 맞나요?"라고 물었던 것처럼, 아이들에게도 '수학책 느낌'이 덜 하다. 딱딱한 수학 용어와 선, 낯선 기호 대신 귀엽고 동글동글한 그림에 맑고 부드럽게 채색된 색깔이 따뜻한 느낌을 준다. 흔한 수학 용어 하나 보이지 않는다. 그럴 수밖에! 이 책을 쓰고 그린 김선진 작가에게 수학책을 쓰겠다는 생각은 없었기 때문이다. 그저 농부들의 1년을 담고자 했다. 시간이라는 개념을 설명하지 않고, 보여주는 수학 그림책이 나오게 된 건 바로 그런 이유 때문이다.

시계와 달력에서 시간을 나타내는 기호들을 만나기 전에 아이들에게 시간을 감각적으로 알려주고 싶을 때 이 책을 활용하면 좋다. 책방에 오면 책은 거들떠보지 않는 아이들도 있다. 책방에 걸린 데카르트 그림을 종이에 베껴 그리는 한이 있더라도 책은 보지 않는 아이들을 보면 '애나 어른이나 억지로 책을 보게 하는 것은 어려운 일이구나' 하는 생각이 든다. 이런 아이들에게 『농부 달력』을 보여주면 "와, 예쁘다" 하며 얼른 들고 가서 자리를 잡는다. 그러고는 실컷 읽다가 품에 안고 집으로 돌아간다.

길까, 짧을까?

이자벨라 지엔바 지음, 우르슐라 팔루신스카 그림, 이지원 옮김 | 길벗스쿨 | 2022. 02.

시간은 모두에게 똑같이 주어지지만 사람마다 다르게 느낀다. 엄마가 전화하는 1분은 기다리는 아이에게 1시간처럼 지루하다. 이 책을 읽고 나면 일상생활에서 아이와 얼마든지 상대적인 시간을 주제로 이야기해볼 수 있다.

1초마다 세계는

브뤼노 지베르 지음, 권지현 옮김 | 미세기 | 2019. 07.

1초는 물리적으로 무척 짧은 시간이다. 눈 한 번 깜박이면 1초니까. 이 책에서는 통계자료를 이용해서 1초를 새롭게 보게 한다. 전 세계에서 1초마다 결혼식이 2번 열리고, 아기 4명이 태어나고, 2명씩 죽는다. 짧은 시간이라고 생각했던 1초 동안 벌어지는 일이 흥미롭다.

초등 저학년

∘

다양한 경험으로 수학의 문을 여는 단계

경험이 많으면 수학이 쉽다

호기심이 닿는 데까지
많은 수를 경험하기 。

펭귄 365

장-뤽 프로망탈 지음, 조엘 졸리베 그림, 홍경기 옮김
보림 | 2007. 11.

책방에서 수를 좋아하는 아이들은 금방 알 수 있다. 뭔가 세고 있는 아이를 찾으면 된다. 특히 큰 수.『펭귄 365』표지에 가득 그려진 펭귄 수를 세고 있는 아이들도 수를 좋아하는 아이들이다. 제목만 봐도 펭귄이 365마리 나오는 이야기다. 큰 수를 좋아하는 아이들의 호기심을 자극하기에 이만한 제목이 없다. 그림책의 배경은 한 가족이 사는 평범한 2층 주택. 새해 첫날 펭귄 한 마리가 집 앞으로 도착한다.

"저는 펭귄 1호입니다. 끼니때가 되면 먹이를 주세요"라고 적힌 편지와 함께 커다란 상자에 담겨서 말이다. 다음 날 또 한 마리가 배달된다. 펭귄 2호다. 설마 하루에 한 마리씩 365마리가 배달된다고? 맞다. 아이들은 신이 나서 펭귄을 세기 시작한다.

하루에 한 마리씩 늘어가는 펭귄, 집은 점점 발 디딜 틈 없이 붐비고, 주인공 가족은 매일 늘어나는 펭귄을 다양한 방법으로 정리한다. 1월에 31마리, 2월에 28마리. 거기에 하루가 더 지나 60마리가 되자 15마리씩 4묶음으로 정리했다가 144마리를 12마리씩 12상자를 넣어 정리하기도 하고 가로 6, 세로 6, 높이 6으로 216마리를 쌓기도 한다. 직접 세기 힘들 땐 계산기까지 동원한다.

다른 이야기는 없다. 매일 펭귄이 배달오고, 주인공 가족은 펭귄을 정리하느라 쉴 틈이 없다. 왜 작가는 이런 이야기를 쓴 걸까? 이 책은 펭귄을 세는 것이 전부이기 때문이다. 어떻게 하면 새로운 느낌을 주면서 생각지도 못한 방법으로 펭귄의 수를 셀 수 있을까. 어떻게 하면 아이들이 계속 늘어나는 펭귄을 세기 위해 책장을 넘기게 할 수 있을까. 작가는 고민했고, 결과는 성공적이다.

아이들은 펭귄을 맞게 세고 있는지 궁금해한다. 215마리 다음은 216마리인 건 아는데 216이 6×6×6의 정육면체의 부피인지는 모르기 때문에 신기해서 들여다본다. '6×6×6=216'이 아니라 '216을 6×6×6으로 나타낼 수 있다'로 생각해야 한다는 걸 명심하자. 아이들은 아는 것 위주로 본다. 이미 아는 수라고 생각해야 도전한다.

어떤 어른들은 "어린 애들은 곱하기도 모르는데 어떻게 이런 책을 봐? 너무 어려울 텐데" 하고 지레짐작한다. 그건 아이들을 몰라서 하는 이야기다. 아이들이 책 속의 모든 내용과 의미를 이해하면서 읽진 않는다. 모르는 것은 대충 넘어가면서 그림만 보기도 한다. 자꾸 보다 보면 어느 날 '아, 그게 그 뜻이구나!' 하는 거다. 지식은 체계적인 학습으로만 쌓이는 게 아니다. 오다가다 우연히 얻기도 한다. 나이에 맞지 않게 이렇게나 큰 수를 세는 게 꼭 필요할까? 작은 수, 큰 수 할 것 없이 호기심이 닿는 데까지 경험한 수가 학교 수학의 재료가 된다. 365마리의 펭귄을 세며 수학의 재료를 얻는 것이다. 아이들에게 수 세기의 즐거움과 반전을 선물하는 『펭귄 365』. 이 책을 읽을 땐 계산기를 준비하자. 질문에 시달리고 싶지 않다면.

천해 개의 별, 단 하나의 나

세스 피시만 지음, 이저벨 그린버그 그림, 최순희 옮김 | 다섯수레 | 2020. 03.

무한에 관심을 갖는 아이들은 엄청나게 큰 수에 먼저 관심을 가진다. 천해 개는 0이 23개나 있는 수다. 전 세계 물의 양, 땅속 개미의 수, 모두 어마어마하게 큰 수다. 아이들은 이런 수를 읽으며 수에 대한 호기심을 키워간다.

우주에서 가장 행복한 100층 로켓

마이크 스미스 지음, 노은정 옮김 | 사파리 | 2021. 09.

100은 큰 수에 대한 호기심의 시작이다. 폐품과 재활용품으로 만든 100층 로켓을 배경으로 풀어낸 이야기가 100까지 세는 데 그치지 않고 감동까지 준다.

이토록 아름다운 수학이라면 。

뾰족반듯단단 도형 나라의 비밀

가졸 · 크뤼시포름 지음, 김현아 옮김
한울림어린이(한울림) | 2022. 06.

이 책은 프랑스 작가 가졸과 일러스트레이터 크리쉬포름의 콜라보 작품이다. 신데렐라, 백설공주 같은 '공주' 이야기에 나오는 전형적인 인물들에게 도형을 대입했다. 고지식하고 안하무인인 왕은 '뾰족하고 날카롭고 자기 생각에 갇혀 있는, 직각과 예각을 다 가진 도형', 예민하고 콧대 높은 왕비는 '하늘을 찌를 듯이 거만하고 뾰족하고 날카로운 고함을 지르는, 예각으로만 이루어진 도형' 같은 식이다.

이 책에 사람은 등장하지 않지만, 도형을 사람으로 받아들이는 데 아무런 위화감이 없다. 이 정도 글밥이 있는 그림책이라면 대개 글이 줄거리를 이끌고 그림은 이해를 돕기 위한 보조 도구 정도로 쓰이는데, 이 책은 글과 그림이 거의 동등하게 이야기를 전개한다. 글과 그림이 보여주는 상호작용이 매우 신선하며 돋보인다.

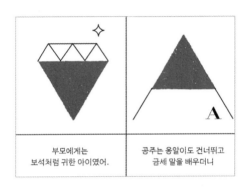

부모에게는
보석처럼 귀한 아이였어.

공주는 옹알이도 건너뛰고
금세 말을 배우더니

글과 그림을 보면 책 속의 문장이 그림과 기가 막히게 맞아 떨어진다는 걸 금세 알 수 있다. 거꾸로 된 삼각형 위에 작은 삼각형을 지그재그로 그려넣어 다이아몬드 모양을 만들고, 그 아래에는 "보석처럼 귀한 아이였어"라는 문장이 나온다. 삼각형의 두 변을 연장해 A라는 모양을 그리고는, "공주는 옹알이도 건너뛰고 금세 말을 배우더니"라고 설명한다. 그림과 문장을 하나로 빚어내는 솜씨가 그야말로 예술이다.

수학의 영역 중에 도형이 예술과 제일 가까워 보이긴 하지만,

이렇게 감성을 담아내긴 쉽지 않다. 도형은 추상적이어서 상상하기 어렵기 때문이다. 그 특징을 분류하고 포함관계까지 알아내는 건 어린 독자들에게 불가능에 가깝다. 그런데 그 한계를 뛰어넘어 이렇게 도형의 특징을 잘 드러내면서 서사까지 훌륭한 책은 지금까지 보지 못했다. 이 책을 만난 아이들을 감히 행운아라 말하고 싶다.

이 책의 주인공들처럼 아이들도 저마다의 모양이 있다. 초등 저학년 아이들의 수학은 아이가 어떤 특성을 가지고 있느냐에 초점을 맞추면 좋겠다. 예술적 감성이 풍부한 아이라면 감성과 직관을 건드리는 것부터 수학을 시작해도 된다. 이렇게 아름다운 도형 이야기를 만난다면 수학과 사랑에 빠질 수밖에 없지 않을까?

함께 읽으면 좋은 책

수학에 빠진 아이

미겔 탕코 지음, 김세실 옮김 | 나는별 | 2020. 01.

가족들은 모두 좋아하는 것이 있는데 자기는 뭘 좋아하는지 몰라 고민하던 아이가 어느 날 수학을 좋아한다는 것을 깨닫는다. 그 이후 아이의 눈엔 시장에 가도, 놀이터에 가도, 나무를 봐도 온통 수학이 보인다. 수학이 어디에 있는지 도무지 모르겠다는 아이들에게 단초를 줄 책이다.

아이를 한 뼘 더 성장시키는
논리의 힘。

할까 말까?

김희남 지음, 윤정주 그림
한솔수북 | 2008. 07.

『할까 말까?』는 결정이 너무 힘든 소년, '할까말까'에 관한 이야기다. 고민이 가득한 얼굴로 어떻게 하면 좋겠냐는 듯 우릴 바라보는 꼬마가 바로 할까말까다. 책의 제목이자 주인공이자 내용 그 자체인 할까말까. 할까말까는 아이들에게 묻는다.

"너는 이렇게 고민한 적 없어? 친구랑 놀까? 숙제할까? 이런 고민 말이야."

"엄청 많아요!"

아이들은 한목소리로 외치듯 대답한다. 초등학교 1학년이 되면 혼자 결정해야 할 일이 많아진다. 그럴 때마다 얼마나 머리가 아픈지, 아이들의 외침만 들어봐도 가늠이 된다.

『할까 말까?』는 '경우의 수'라는 수학의 개념을 알려주기 위해 만든 책이다. 일상생활에서 어떤 결정을 내릴 때 선택할 수 있는 경우의 수가 모두 몇 가지인지 아는 게 중요하다. 아이들이 커갈수록 할 일이 늘어나고 복잡해지므로, 일의 우선순위를 정하고 한 번에 할 일인지 여러 번에 나누어서 할 일인지 판단하는 것도 결국 논리의 힘이다. 따라서 어릴 때부터 경우의 수와 같은 논리 영역은 지속적인 노출이 필요하다.

하지만 초등학교 수학 교과서에서는 '경우의 수'를 정식으로 가르치지 않는다. 그러니 『할까 말까?』와 같은 그림책을 읽으면 도움이 되지 않겠는가.

이 책은 이야기의 힘을 잘 살렸다. 제목과 주인공의 일치, 극단적인 사건의 배치, 그로 인해 생긴 문제해결의 절실함. 이런 것이 모여서 아이들을 이야기 속으로 끌어당긴다. 수학 그림책은 수학 지식을 노골적으로 가르쳐주려는 경우가 많아서 아이들이 질색한다. 이 책은 이야기의 구조가 잘 짜여 있어 아이들이 이야기에 몰입하기 쉽다. 먼저 이야기 속에 아이들을 몰아넣고 "너라면 어떻게 할래?" 질문하며 할까말까의 고민에 같이 동참할 시간을 준다. 선택의 갈림길에서 어떤 선택을 할지 고민하며 자연스럽게 생각하는 힘을 키울 수 있다. 줄거리만 따라가며 읽지 말고, 주인공 할까말까가 몇 가지를 선택할 수 있는지 아이가 직접 따져보게 하자.

할까말까가 똑부리 할아버지를 만나러 갈 때 문제를 해결하는 방식과 비법을 전수받고 돌아올 때 문제를 해결하는 방식을 비교해 차이점을 이야기해보는 것도 이 책을 읽는 좋은 방법이다. 이 책을 다 읽고, "얘들아, 수학 그림책도 재밌지?"라고 물어보면 "네, 너무 재미있어요!"라고 말하는 아이들이 열에 아홉이다. 이런 수학 그림책이 많아져야 아이들이 수학을 쉽게 만날 수 있다.

『할까 말까?』를 함께 읽던 친구들이 집에 갈 생각을 하지 않고 머리를 맞대고 웅성거린다. 같이 저녁을 먹기로 했는데 뭘 먹을지 의견이 분분해 도무지 결정이 안 나던 중이었나 보다. 아이들은 뭔가 번뜩이는 아이디어가 떠올랐는지 종이를 한 장 얻어갔다. 종이로 주사위를 만들어 각자 원하는 메뉴를 각 면에 적었다. 그렇게 주사위를 굴려 뚝딱 결정하곤 가벼운 발걸음으로 책방을 나섰다. 이런 게 책의 힘이다.

.

함께 읽으면 좋은 책

어린이 논리 퀴즈

베르나르 마이어 지음, 박언주 옮김 | 한울림어린이(한울림) | 2014. 10.

초등학교 친구들이 사고력 문제집에서 만나는 내용이 논리퀴즈에 숨어 있다. 때로는 쉽게, 때로는 머리가 지 끈거릴 정도로 어려운 논리퀴즈가 생각하는 힘을 키워 준다.

검은 고양이만 사는 마을

안나 체라솔리 지음, 안나라우라 칸토네 그림, 천지은 옮김 | 담푸스 | 2014. 08.

검은 고양이만 사는 마을에 다른 색의 고양이들이 이사 를 오면서 마을 이름을 어떻게 나타내야 논리적으로 옳 은 표현인지 보여주는 수학 동화다. '모두' '아무도' '몇몇' '마다' 같은 단어로 수량을 정확하게 표현하는 방법을 가 르쳐준다.

수학에 추리를 더하면
금상첨화。

코딱지탐정 숫자도둑을 잡아라!

정유숙 · 권민서 지음
다다북스 | 2021. 06.

"애가 수학 문제집을 싫어해요. 사고력 문제집도 풀어봐야 한다는데 단순 연산 문제 말고, 생각하게 할 수 있는 책이 없을까요?"

"몇 학년인가요?"

"2학년이요."

조건이 까다롭다. 손님 이야기를 들으면서 눈으로는 서가를 훑어 얼른 조건에 맞는 책을 찾았다. 논리적 사고를 키우려면 수학을 공부해야 하는데, 수학이 너무 싫어지면 수학에서 아무 것도 배울 수가 없다. 그러니 문제를 해결하는 방법을 재미있게 보여주는 책이 최선이다. 코딱지 탐정이 숫자 도둑을 잡고, 숫자 상자를 찾는 20개의 짧은 이야기로 구성된 『코딱지탐정 숫자도둑을 잡아라!』가 딱이다.

'토토네 동네로 출발!'에서는 '길 찾기'가, '호텔 문을 열어라'에서는 '위에서 본 도형과 옆에서 본 도형 찾기'가, '성문을 열어라'에서는 '양쪽 문의 동물 무게 같게 하기'가 나온다. 문제를 해결할 때마다 새로운 형태의 문제가 나오니 지루할 틈이 없다. 문제를 푼다는 점은 문제집과 같지만, 이야기책 같다는 게 이 책의 장점이다. 다음에 어떤 일이 일어날지 궁금하게 한다.

다양한 사건을 해결하며 작은 목표를 성취하고, 마침내 목표를 달성하는 즐거움을 맛보게 해보자. 어려운 것을 해내야만 성취감이 생기는 것이 아니다. 작은 걸 여러 번 해내는 것이 '성취감의 근육'을 더 강하게 만든다. 이렇게 재미있게 수학 문제들을 해결하다 보면 아이의 수학 근육도 단단해질 수 있다.

주의할 점은 이렇게 계속 새로운 문제가 연달아 나오면 아이가 쉽게 피로해져 집중하는 시간이 짧다는 것이다. 문제 난이도만 보고 '별거 아니네. 이런 건 빨리 풀어도 되겠네' 하고 몰아치면 안 된다. 처음엔 7세를 대상으로 기획했는데, 논리, 공간, 규칙 등이 7세에겐 조금 어려워 초등 저학년으로 대상을 바꿨다. 재미있지만 동시에 아이들에겐 힘든 과제일 수 있다. 아이가 질리지 않게 잘 나눠서 푸는 게 좋다.

아직 초등학교 저학년인데 벌써 입시 공부하듯 수학 문제집을 종류별로 풀 필요는 없다. 수학 문제를 풀더라도 교과서와는 조금 다르게, 이 책처럼 수학과 추리가 접목된 문제를 풀어보자. 수학과 재미, 두 마리 토끼를 다 잡을 수 있다.

○ 함께 읽으면 좋은 책 ○

랜드마크 범인 찾기 추리북

조승연 그림 | 계림북스 | 2023. 07.

증언을 통해 범인을 찾는 추리북이다. 표지를 펼치면 도둑단과 사건을 동시에 볼 수 있어 더욱 편리하다. 표지에 도둑단 카드를 끼우고, 플라스틱 창문을 닫으며 범인을 추려가는 게임이다. 문제집처럼 쓰면서 푸는 책이 아니어서 더 추리에 몰두하게 된다.

수학 나라에선 수학말을 쓴다.

어휘로 기초 잡는 초등수학 문해력 비법(1학년)

김미환 · 김수미 · 송정화 · 임영빈 · 강미선 지음
하우매쓰앤컴퍼니 | 2022. 12.

　　중국어는 중국말, 일본어는 일본말, 한국어는 한국말, 모두 한자를 쓰지만, 뜻도 모양도 다 다르다. 전부 한국말로 되어 있어도 전공책을 읽어보면 무슨 말인지 알 수가 없다. 수학 나라는 '수학말', 과학 나라는 '과학말', 철학 나라는 '철학말'을 쓴다. 수학 용어의 의미를 정확히 알고 내면화 과정을 거쳐 자유자재로 꺼내 쓸 수 있어야 수학을 잘할 수 있다. 게다가 수학은 한글, 수학 기호, 알파벳 문자까지 등장하고, 용어 사이 포함관계도 명확한 과목이어서 수학 용어를 알아야 개념을 알 수 있을 뿐 아니라 의사소통 면에서도 아주 중요하다.

의도했건 의도하지 않았건, 한국은 수학 용어에서는 스파르타식이다. 일단 전쟁터에 밀어 넣고 본다. 다 안다는 전제하에 문제집부터 들이댄다. 수업을 듣거나 문제를 풀려고 해도 수학 용어를 알아야 유추할 수 있는데 말이다. 수학 용어를 연습할 기회도 주지 않고 문제집을 풀게 하는 것은 무기 사용법도 안 알려주고 전쟁터에 내보내는 것과 같다.

고등학생이라면 영어단어 공부하듯 모르는 수학 용어 목록을 만들어 달달 외워도 된다. 그 과정이 괴로워도 필요하다면 해야 한다고 생각할 수 있는 나이니까. 그런데 초등 아이들은 그렇게 할 수가 없다. 그러면 어떻게 기본적인 수학 용어를 익힐 수 있을까? '문해력'이라는 단어가 유행하기 전에 이 부분에 주목한 수학교육학 전문가들이 『어휘로 기초 잡는 초등수학 문해력 비법』을 썼다.

이 책은 어휘 퍼즐을 다루는데, 양을 정해놓고 풀 필요가 없다. 퍼즐 맞추듯이 놀면서 풀면 된다. 아이가 혼자서 풀어도 되고, 부모와 주거니 받거니 퀴즈 맞히듯이 풀어도 된다.

어휘는 중요하지만, 그렇다고 아이에게 부담을 줄 필요는 없다. 가끔 다시 보면서 잊어버리지 않게 기억을 상기시키는 정도의 복습이면 충분하다. 각 잡고 앉아서 고시 공부하듯이 푸는 퍼즐 책이 어디 있는가? 하다가 어려워도 연필로 끄적끄적

하면서 칸을 채워가는 게 퍼즐이다. 자기도 모르게 몰입해서 답을 찾아내려고 궁리하는 재미를 알게 되면 수학 문제를 풀 때도 퍼즐 풀 듯이 궁리하는 기쁨을 느낄 수 있게 된다.

　이 책은 수학 어휘의 기본을 익히기 위한 목적이니 높은 난도는 아니다. 예습용으로 쓰기에 좋다. 저자가 초등학생을 직접 지도한 경험이 있어서 학생들이 어려워하는 어휘들을 잘 골랐다. 반복 횟수, 반복 방법, 단계 설정까지 설계된 제대로 된 어휘 퍼즐 책이어서 더욱 반갑다. 서둘러 앞서가려고 하지 말고, 기본을 중시하자. 토대가 단단해야 실력이 쌓인다는 걸 꼭 기억하길!

생쥐 가문의 위기

안나 체라솔리 지음, 알레그라 알리아르디 그림, 천지은 옮김 | 담푸스 | 2015. 01.

생쥐 가문에 찾아온 위기와 그 위기를 극복하는 과정에서 자연스럽게 논리 접속사를 배우고 문장을 연결하는 방법을 배울 수 있다. 접속사도 수학 용어인 것을 알게 되는 책이다.

와이즈만 유아 수학사전

이경미 · 김은경 · 윤정심 지음, 이창우 그림, 와이즈만 영재교육연구소 감수 | 와이즈만BOOKs(와이즈만북스) | 2018. 09.

아이들이 사용하는 일상 언어와 그림으로 수학적 개념을 먼저 보여준 다음, 그를 지칭하는 용어를 익힐 수 있도록 직관적으로 구성되어 있다. 일상어와 수학 용어가 한눈에 구별되는 책이어서 초등학교 저학년 친구들이 정확한 수학 용어를 익힐 때 도움이 된다.

무한은 정말 셀 수 없을까?

무한호텔

김성화 · 권수진 지음, 한성민 그림
만만한책방 | 2022. 12.

"엄마, 세상에서 제일 큰 수가 뭔지 알아요?"

희한하게도 예닐곱 살쯤 되면 '큰 수'에 관심을 두는 아이들이 많다. 감성 충만한 아이도, 논리나 기호를 좋아하는 아이도, 자기가 생각할 수 있는 가장 많은 것을 숫자로 나타낼 수 있다는 게 신기한 거다.

"모래알이 이렇게 많은데 이걸 다 세서 수로 쓸 수 있다는 거지? 그럼, 별은? 손톱보다 작은 개미는? 밤마다 나타나는 모기는? 이런 걸 다 셀 수 있다고?"

눈에 보이는 것부터 보이지 않는 것까지 다 셀 기세다. 한참 수 세기에 재미를 붙인 아이들은 닥치는 대로 수를 세려고 든다. 그러다 만나는 수학 용어가 '무한대'다.

『무한호텔』은 '무한'을 세는 수학자의 방법을 안내한 그림책이다. 이제 막 무한에 궁금증을 갖기 시작한 6세부터 무한 집합에 대한 수학자의 이론이 이해가 가지 않아 답답한 성인까지 건질 것이 있다.

이 책의 주인공, 귀여운 공룡 가족은 '무한호텔'에서 휴가를 보내기로 한다. 무한호텔에는 방이 끝도 없이 많다. 그런데 방이 없단다. 가족들은 방을 내놓으라고 성화다. 호텔 지배인은 껄껄 웃으며 방을 만들어낸다. 여기부터가 수학자 힐베르트의 무한호텔 이야기다.

힐베르트는 당시 수학자들에게 칸토어의 무한 집합 이론을 이해시키기 위해 무한호텔 비유를 만들었다. 1번 손님은 2번 방으로, 2번 손님은 3번 방으로, 100001번 손님은 100002번 방으로 계속해서 하나 큰 방으로 옮겨간다. 그렇게 하면 제일 첫 번째 방이 빈다. 방이 없다고 시위하던 가족은 그 방으로 들어간다. 호텔에 무한 손님이 와도 방을 배정해준다. '자기 방 번호보다 2배 많은 번호'로 옮기면 된다. 1번은 2번으로, 2번은 4번으로, 3번은 6번으로. 이런 식으로 하면 홀수 방은 비니까, 무한 손님들은 홀수 방으로 들어가면 된다.

그렇게 짝을 짓다 보면 자연수 하나에 홀수가 하나씩 대응이 되고 무한까지 가다 보면 자연수와 홀수의 개수가 같다는 걸 알게 된다. 칸토어는 셀 수 있는 무한 집합과 셀 수 없는 무한 집합이 있다고 생각했다. 자연수와 유리수는 한 줄로 세워 번호를 매길 수 있으니 '셀 수 있는 무한 집합'이고, 무리수와 실수는 번호를 매길 수 없으니 '셀 수 없는 무한 집합'이다. 이 책에서는 아이들에게 셀 수 있는 무한 집합까지 보여주었다.

아이들은 무한대라는 말만 들어도 신난다. 무한을 다루는 그림책도 여럿 있다. 대부분 무한대는 가족의 무한한 사랑처럼 수치화할 수 없는 것으로 끝낸다. 반면 이 책에서의 무한은 숫자와 일대일로 대응할 수 있다. 초등학교 저학년 친구들은 이 책을 읽으면서 무한에 대해 좀 더 수학적으로 생각해보는 계기가 될 수 있다. 수학을 잘하기 위해서는 하나의 개념을 끝까지 파고드는 힘도 중요하지만, 어린 시절에 수학자나 수학 이론에 대해 궁금해하는 마음도 중요하다. 내가 들어봤던 '수학자', 내가 읽어봤던 '수학 이론'을 학교에서 만나면 두려움보다 반가움이 앞서지 않을까?

무한대를 찾아서

케이트 호스포드 지음, 가비 스비아트코브스카 그림, 장미란 옮김 | 웅진주니어 | 2013. 10.

'무한대처럼 거대한 것을 상상이라도 할 수 있을까?' 8살 소녀 우마가 하늘의 수많은 별을 바라보다가 생긴 궁금증에 대해 스스로 답을 찾아가는 이야기다. 끊임없이 질문하고 탐구하면서 자신만의 답을 찾아가는 과정이 곧 수학적 태도다. 무한에 관심을 가질 때 제일 처음 읽으면 좋아할 책이다.

나의 무한대

헤수스 로페스 모야 지음, 수리녜 아기레 그림, 이숙진 옮김 | 옐로스톤 | 2022. 09.

학교에서 무한대 개념을 배운 클라우, 하지만 아무리 노력해도 무한대가 무엇인지 알 수가 없어서 괴롭다. 아빠와 엄마는 무한대의 개념을 설명하려고 애쓴다. 말로도 숫자로도 설명하기 어려운 무한대 개념을 우리의 마음을 들여다봄으로써, 느낌으로 어떻게 다가갈 수 있는지 알려준다. 『무한호텔』을 읽기 전에 읽어보면 좋다.

시작은 아는 것, 익숙한 것부터 。

비교할수록 쉬워지는 단위

클라이브 기퍼드 지음, 폴 보스턴 그림, 김맑아 · 강채민 옮김
부즈펌어린이 | 2018. 08.

　아이들에게 처음 한글을 가르칠 때 썼던 방법이 있다. 평소에 자주 쓰는 말 위주로 가족사진이나 사물 옆에 글자를 써서 붙여두고 볼 때마다 읽어줬다. 주변 사물의 이름을 알고 나자 다른 것도 알고 싶어 해서 글자를 알려주니 어느새 한글을 얼추 읽게 되었다.

　수학 영역 중에 한글과 비슷한 경험을 하게 되는 것이 바로 '측정'이다. 실생활과 관련이 깊은 측정 영역은 초등에서는 수학에서 다루고, 중등에서는 과학에서 다룬다. 중등수학은 초등수학에 비해 훨씬 추상적이고, 부정확한 인간의 감각을 배제한다. 중등교육의 시선으로 초등교육에서 배우는 측정을 보면 '저건 수학도 과학도 아니야. 왜 저렇게 가르치는 걸까?' 싶지만 초등 아이들은 직접 만져보고, 재보고, 잘라보고, 그려보면서 감각으로 맛을 봐야 머릿속에 각인된다.

측정은 비교에서 시작한다. '크다-작다' '넓다-좁다' '높다-낮다' '깊다-얕다' '뜨겁다-차갑다'처럼 사물을 서로 비교하면서 각각의 성질을 오감으로 알게 된다. 그렇게 경험이 쌓이면 본 적이 없는 사물도 내가 익히 알고 있는 것과 비교하며 지식을 넓혀간다. 그런데 만약 누군가에게 어떤 사물의 길이, 높이, 크기 등을 설명하려면 상대와 내가 모두 아는 걸 기준으로 삼아야 상대가 이해할 수 있지 않을까? 그때 필요한 것이 공통의 기준이고, 그것을 '단위'라고 한다.

『비교할수록 쉬워지는 단위』는 비교하면서 자연스럽게 단위를 익힐 수 있어 단위를 본격적으로 배우기 전, 한참 호기심 많은 초등 저학년에게 추천한다. 비교할 때는 이미 아이가 익숙하게 알고 있는 사물을 기준으로 말하고(당연히 그림도 있다) 실제 길이는 단위를 써서 보여준다. '난쟁이 랜턴 상어' 수컷은 다 자란 길이가 겨우 16cm 정도다. 연필보다도 짧은 길이라고 한다. 책에서 이런 정보를 얻게 된 아이는 '우와~ 상어가 연필보다도 짧다고? 도대체 얼마나 작다는 거야?'라는 생각과 함께 새 연필은 20cm 정도 된다는 깨달음도 얻는다. 전혀 모르는 것을 배울 때는 내가 이미 아는 것, 나에게 익숙한 것에서 출발한다. 그것이 수학을 배우는 자세다.

초3 아이들에게 "책방 출입문 높이는 얼마나 될까?" 물으면 여러 가지 답이 나오는데, "6m요" 같은 터무니없는 대답을 하는 아이도 있다. 1m가 얼마냐고 물으면 100cm라고 찰떡같이 대답하면서도 1m가 실제로 정도인지 가늠하지 못하는 것이다. 산지식이 부족한 탓이다. 무게, 들이도 마찬가지다. 단위를 사용하는 것도, 그것의 실제 크기, 무게, 길이가 어느 정도인지 어림하는 것도 할 줄 알아야 한다. 직접 경험하고 측정하는 건 한계가 있다. 간접적으로 정보를 얻어 서로 비교해보고 다양한 단위도 경험한다면 아이가 자라 만나게 될 측정이 더 흥미로울 것이다.

앗, 무당벌레 무게가 궁금해!

앨리슨 리멘타니 지음, 박하람 옮김, 조민임 감수 | 로이북스 | 2020. 09.

개미 10마리의 무게는 무당벌레 한 마리의 무게와 같다. 또 무당벌레 9마리의 무게는 메뚜기 한 마리의 무게와 같다. 그러면 백조 한 마리는 무당벌레 몇 마리의 무게와 같을까? 이 질문에 대한 대답을 보여주는 책이다. 무게를 상대적으로 비교함으로써 가장 큰 동물의 무게를 가장 작은 동물의 무게로 바꿔서 나타낸다. 『비교할수록 쉬워지는 단위』보다 훨씬 간단해서 더 어릴 때 보기 좋다.

재기재기양재기 비교 나라로!

고희정 지음, 이경석 그림 | 토토북 | 2013. 10.

축구소년 양재기가 도깨비나라를 빠져나오기 위해 사물의 크기를 비교하고 순서대로 배열하기, 어림하기와 기본 단위 정해 재어보기, 길이의 단위를 알고 측정해 계산하기 등의 문제를 해결하는 이야기다. 『비교할수록 쉬워지는 단위』가 백과사전처럼 정보를 다루는 책이라면 이 책은 문장제 문제를 동화로 읽는 셈이다.

각도기 없이 직각을 그리던 시절 。

파라오의 정사각형

안나 체라솔리 지음, 데지데리아 귀치아르디니 그림, 김효정 옮김
봄나무 | 2014. 02.

지팡이 그림자 길이로 피라미드 높이를 추론한 이야기와 함께 피라미드 만들기 수업을 한 날이었다. 수업이 끝나고 2학년 여자아이가 질문을 쏟아냈다.

"선생님, 최초의 수학자 탈레스는 기원전 600년쯤 태어났다면서요? 그럼 피라미드는 얼마나 오래전부터 있었어요? 그때도 수학이 있었어요? 어떻게 만들었어요?"

"피라미드는 이집트에서 만들었잖아. 기하학이라는 건 직선,

정사각형, 직각 같은 도형 분야를 말해. 이 그림책이 네가 물어본 질문에 충분한 해답을 줄 거야."

호기심 많은 아이에게 이집트 수학과 피라미드에 관한 이야기가 담긴 『파라오의 정사각형』을 건넸다. 이 책의 부제는 '이집트 소년 아메스의 재미있는 기하학 이야기'다. 아주 오래전 이집트에 살았던 소년 '아메스'의 아버지는 '밧줄 당기는 사람'이다. 그 당시 밧줄 당기는 사람은 수학자이자 건축가였다. 아메스는 강이 범람하는 바람에 밭이 망가진 농부들을 위해 아버지의 밧줄로 농부들의 밭을 다시 정사각형 모양으로 만들어줬다. 그 공으로 아메스는 파라오에게 황금풍뎅이를 선물 받았다. 이것이 기하학의 시작이다. 오로지 밧줄로만 이루어진 기하학 이야기.

사실 아메스 이야기는 선생님이 학생들을 위해 지어낸 이야기다. 만약 역사책처럼 당시 이집트 수학이 어떻게 발전했고, 기하학이 어떻게 쓰였는지 설명한다고 상상해보자. 듣는 내내 몸이 배배 꼬이고, 하품이 날 것이다. 아메스와 또래 아이들의 흥미진진한 모험 이야기 덕분에 아이들은 순식간에 고대 이집트 수학에 빠져든다. 선생님은 아이들을 과거로 안내하는 훌륭한 스토리텔러의 역할이 끝나면 (지금은 너무나 쉽고 간단한) 정사각형을 만든다는 게 얼마나 어렵고 대단한 일이었는지 환기하며 다시 현실로 돌아온다.

끈 하나만 있다면 아이들은 언제든지 아메스가 될 수 있다. 막대기와 끈을 가지고 아메스와 동생들이 한 것처럼 도형을 만들어보자. 아이들은 아메스를 따라 하면서 각도기가 없어도 90도를 그릴 수 있다. 직각의 개념을 몸으로 경험하는 거다. 머리로 외우는 게 아니라.

함께 읽으면 좋은 책

숫자의 발명

안나 체라솔리 지음, 데지데리아 귀치아르디니 그림, 이현경 옮김 | 봄나무 | 2013. 05.

수학 역사 중에 출처를 정확히 알 수 없는 것이 있다. 이 책은 '아마도 이렇게 시작되지 않았을까?'와 같은 상상에서 출발한다. 원시인 소녀 '부발'은 오빠를 대신해 양을 돌보면서 좀 더 안전하고 편한 방법을 고민하다가 최초의 '셈하는 도구'를 찾는다. 그것을 기호로 나타내기까지의 과정을 상상력으로 풀어낸다.

딱 한마디 수학사

김승태 지음, 나수은 그림 | 천개의바람 | 2023. 06.

수학의 역사를 이끌어 온 수학자들의 업적과 생각을 '딱 한마디'로 전하는 수학사 이야기다. 막대기 하나로 피라미드의 높이를 재고자 했던 탈레스, 만물의 근원을 '수'라고 생각했던 피타고라스, 왕에게 '기하학'을 가르쳤던 유클리드. 그 외에 9명의 수학자가 더 있다. 『숫자의 발명』『파라오의 정사각형』을 먼저 읽고 『딱 한마디 수학사』를 읽으면 좋다.

3단계

초등 중학년

∘

수학의 맛을 즐기는 단계

아직은 수학이 재미있어야 한다

수학적 사고력을 기르는
최고의 비법 。

셜록 홈스의 추리논리 퀴즈

개러스 무어 지음, 마가리다 에스테베즈 그림, 브론테살롱 옮김
빨간콩 | 2019. 10.

초등 저학년 때는 선생님의 말씀을 잘 알아듣지 못하거나 단어를 빠뜨리고 읽어도 그러려니 한다. 아이들은 주의력이 산만할 수 있으니까. 그런데 그런 일이 3학년이 넘어가도록 계속되면 학습에 걸림돌이 된다. 교과서 지문도 길어지고, 개념어가 많아져서 꼼꼼하게 읽고 생각해야 제대로 이해할 수 있기 때문이다.

수학 문장제도 초3부터 본격적으로 나온다. 문장제에서 제시

된 조건과 해결 과제를 구분할 수 있어야 하고, 조건이 여러 개라면 무엇을 우선 적용해야 할지 논리적으로 생각하는 힘이 필요하다. 게다가 사회, 과학, 실과 등 과목도 많아지고, 각 과목에서 배운 것을 서로 연결해야 하니 추론 능력도 필요하다.

『셜록 홈스의 추리논리 퀴즈』는 생각하는 연습이 필요한 아이들에게 꽤 괜찮은 훈련서다. 홈스와 왓슨, 모리어티 교수, 레스트레이드 경감 등 원작소설 『셜록 홈스』의 인물들이 그대로 등장한다. 범죄 유형과 추리하는 방식도 원작을 따랐다. 이 책에 빠진 친구들은 본인이 셜록 홈스가 된 것처럼 단서 해석과 추리에 열정을 다한다. 혼자 온 친구들도 좋아하지만 여럿이 온 친구들이 더 열심이다. 같이 머리를 맞대고 퀴즈를 주거니 받거니 하며 '사건'을 해결한다.

지난여름, 방학이 시작된 첫날이었다. 초3 친구들 서너 명이 같이 책방에 왔는데 깔깔거리며 퀴즈를 풀더니 집으로 돌아갈 때 『셜록 홈스의 추리논리 퀴즈』를 각자 한 권씩 사 갔다. 방학이 끝나면 누가 더 많이 풀었나 내기하자면서. 문제집도 아니고 퀴즈 책을 가지고 경쟁한다니 아이들다운 발상이었다. 그렇다고 자발적인 문제 풀이 승부를 굳이 말릴 필요는 없으니 모른 척했다.

이 책을 볼 때 유용한 힌트를 하나 주겠다. 규칙이나 단서는 대부분 문장에 있다. '나의 정보원이 메시지의 자음을 바꿨다네. 바로 앞 글자로 말이야. 예를 들면 ㄴ은 ㄱ으로, ㄷ은 ㄴ으

로 바꾼 것이지.'

　이런 문장을 해석해서 추리해야 한다. 그래서 책방에서는 이 책을 퀴즈 책이 아니라 '문장제 연습용 책'으로 분류한다. 아이들은 퀴즈 책이라고 철석같이 믿고 있으니, 아이들에겐 절대 이 비밀을 누설해선 안 된다!

　수학적 사고력을 키우기 위해 어린 시절부터 논리의 중요성에 대해 강조하지만 정작 사람들은 추리 퀴즈나 퍼즐을 재미로 하는 가벼운 놀이 정도로만 여기는 것 같아 아쉽다. 시선을 달리하면 추리 논리 퀴즈 속에 숨겨진 수학적 논리를 발견할 수 있을 텐데…. 분석, 추론 능력을 기르는 데는 이만한 게 없다.

함께 읽으면 좋은 책

이상한 나라 앨리스의 추리논리 퀴즈

개러스 무어 지음, 마가리다 에스테베즈 그림, 브론테살롱 옮김 | 빨간콩 | 2019. 12.

흰 토끼를 따라 땅속 나라로 들어가게 된 앨리스가 이상한 나라에서 겪는 환상적인 모험을 퀴즈로 풀어보는 책이다. 『셜록 홈스의 추리논리 퀴즈』와 비슷한 콘셉트다.

가람(GARAM) 초급, 가람(GARAM) 중급

람세스 분쾨사포 지음, 박유형 옮김 | 북스토리 | 2018. 03.

이 퍼즐은 글자가 하나도 없는 숫자 퍼즐이다. 규칙은 매우 간단하다. 주어진 사칙연산에 맞춰 빈칸을 채우기만 하면 된다. 초등학교 저학년 친구들도 이해할 수 있을 정도로 간단하지만, 막상 문제를 풀려고 하면 생각만큼 만만치 않다는 것을 알게 된다. 유추를 거치지 않으면 문제를 풀 수 없기 때문이다. 한 쪽에 한 문제씩 있어서 반복되는 연산이지만 게임하듯 즐길 수 있다.

주인공을 따라 하면
해법이 보인다。

조선 수학의 신, 홍정하

강미선 지음, 권문희 그림
휴먼어린이 | 2014. 09.

일명 '구일집 소년'이 책방을 찾아온 건 책방을 시작한 지 겨우 두 달 남짓 되는 어느 겨울이었다. 초3 정도로 보이는 아이가 가방에서 『조선 수학의 신, 홍정하』와 수첩을 꺼내더니 "이게 홍정하의 백자도 맞죠?" 하고 묻는 게 아닌가. 홍정하는 조선시대의 대표적 수학자이고, 백자도는 10차 마방진 그림이다. 100개의 칸에 100까지 수를 한 번씩 써서 그리는데 가로, 세로, 대각선에 놓인 10개의 수의 합이 모두 같다. 수첩에는 깨알 같은 글씨로 숫자 스도쿠가 그려져 있었다. 아이는 홍정하의 백자도에 있는 한자어 숫자를 아라비아 숫자로 바꾸어서 계산을 맞춰본 모양이었다.

"우리 책방에 홍정하가 쓴 수학책 『구일집』이 있어. 보여줄까?"

"네!"

아이는 말이 끝나기 무섭게 대답하고는 눈을 반짝이며 책 속으로 파고들었다. 『구일집』과 『조선 수학의 신, 홍정하』를 비교하며 수첩에 쓰고 또 쓰던 모습이 기억에 남는다. 그 아이의 호기심은 어떻게 그렇게 크고 강렬해질 수 있었을까?

이렇게 호기심이 많은 초등학생에게 처음 수학사 책을 권해준다면 시대별로 정리된 통사보다 인물 이야기를 먼저 권한다. 예를 들어 건물의 높이를 구할 때 삼각형의 닮음비를 이용하는 비례식 계산법을 기원전 600년경에 알아낸 수학자가 있었다고 하자. 아이들은 닮음비(닮은 두 도형에서 대응변의 길이의 비)라는 것이 뭔지도 모르고, 비례식 계산법을 봤다고 해도 기억하기 어렵다. 그런데 탈레스라는 그리스 수학자가 이집트 여행을 갔다가 자기 지팡이 그림자 길이를 이용해서 피라미드 높이를 구했다는 이야기에는 흥미를 갖는다.

구일집 소년이 푹 빠져 있던 『조선 수학의 신, 홍정하』도 인물이 주축이 되는 이야기다. "우리나라에도 수학이 있었나요?"라고 묻는 학생들에게 보여주고 싶은 책이다. 『구일집』에 수록

된 문제들을 재구성해서 만들어낸 이야기라 조선시대 수학자들이 실생활의 문제를 어떻게 해결했는지 엿볼 수 있어서 흥미진진하다. 어린이를 대상으로 쓰였지만, 조선 수학에 대해 생소한 어른들이 읽기에도 좋다.

조선시대에는 수학자를 산학자라고 불렀고, 중인계급에 속했다. 대대로 산학을 공부하는 집안이 있었으며 산학자들은 주로 세금을 계산하는 호조의 관리로 일했다. 산학 문제는 역관(천문 관련 일을 하는 관리)이나 의관(의사)을 뽑는 시험에도 나왔기 때문에 산학자들은 역관이나 의관을 직업으로 삼기도 했다.

홍정하는 『구일집』을 써서 조선의 수학을 알렸고, 중국의 유명한 수학자 하국주와 수학 문제 풀기 시합을 펼쳐 조선 수학의 자존심을 세우기도 했다.

이 책에 등장하는 홍정하, 그의 두 아들 이조와 이복, 홍정하의 친구이자 수학자 유수석, 중국의 수학자 하국주는 실존 인물이고, 수학에 대한 호기심과 열정으로 가득했던 '똘이'는 가상 인물이다. 작가는 왜 가상 인물을 넣었을까? 조선시대는 직업을 선택할 수 없었고 대를 이어 물려받았다. 똘이는 태생이 노비여서 산학자가 될 수 없음에도 오직 수학에 대한 호기심으로 산학 공부를 이어간다. 작가는 똘이를 통해 수학 공부는 순수한 호기심에서 비롯될 수 있다는 걸 보여주고 싶었던 게 아닐까?

홍정하는 똘이에게 문제 상황을 던져주고 스스로 문제를 해결하게 한다. 예를 들어 비단 가게에서 폭이 다른 비단을 넓이만 같게 잘라 오게 한다든가, 동전 272닢을 주고 복숭아와 자두를 합해서 100개를 사 오게 하는 식이다. 책 중간에 나오는 일화를 다 이해하지 못 해도 너무 걱정은 마시라. 부록에 문제와 풀이 방법이 현대식으로 정리되어 있으니. 책을 읽을 때 무슨 말인지 잘 모르겠으면 일단 밑줄을 그어두고 노트에 문제를 적어가며 부록과 비교해보자. 길이나 동전 단위가 낯설어 처음에는 눈에 안 들어오던 조선의 수학 문제들이 현대의 문장제 문제와 거의 비슷하다는 걸 알 수 있다.

책을 읽을 땐 똘이의 입장에서 이야기에 몰입하기를 바란다. 똘이의 호기심과 열정을 따라가기만 해도 충분히 남는 게 있다. 똘이가 겪는 일화와 수학 문제를 푸는 전략, 풀이 과정이 매우 수학적이기 때문이다. 조선이든, 서양이든 수학의 본질은 스스로 문제를 해결하는 수학적 사고력을 키우는 데 있다.

뜻밖의 수학 이야기

나동혁 지음, 홍수진 그림 | 담푸스 | 2022. 03.

나이팅게일, 장영실, 벤담, 에셔, 멘델 등 10명의 인물을 통해 수학이 우리 생활에 알게 모르게 얼마나 많은 연관을 맺고 있는지 알려준다. 재미있는 일화를 들어 친근하게 접근한다. 한 꼭지가 짧아서 긴 글 읽기에 익숙하지 않은 친구들도 읽기 쉽다.

피타고라스, 수의 세계를 열다

안지은 지음, 이광익 그림, 백석윤 감수 | 천개의바람 | 2018. 01.

『조선 수학의 신, 홍정하』처럼 피타고라스 이야기와 가상 이야기를 섞었다. 이 책에는 현시대에 사는 남매와 피타고라스의 만남에서 이야기가 시작된다. 피타고라스는 워낙 옛날 사람이기도 하고, 비밀스러운 공동체 생활을 추구했던 '피타고라스학파'의 규칙 때문에 알려진 게 거의 없는 수학자다. 그럼에도 불구하고 피타고라스의 제자들이 남긴 여러 기록의 조각을 맞춰보면서 한 사람이자 학자로서 파란만장했던 피타고라스의 삶을 추적한다.

개념을 술술 이해하려면
문해력이 필요해 。

누나는 수다쟁이 수학자

박현정 지음, 정혜경 그림
뜨인돌어린이 | 2012. 10.

초등 3~4학년 또래 아이를 둔 부모들은 아이들이 수학 개념을 놓치진 않을까 걱정한다. 책방에 와서 개념을 다루는 수학 동화를 찾는 손님들도 그런 경우다. 수학 동화는 새로운 개념을 쉽게 이해하거나, 이미 알고 있는 개념을 더 잘 이해하는 데 도움을 준다. 그게 바로 이야기가 가진 힘이다. 그런데 정작 아이들은 수학 동화를 꺼린다. 문제집도 아니고, 설명이 빼곡한 개념서도 아닌데 왜 그럴까?

사실 나도 그렇다. 국내 수학 동화는 내 취향이 아니다. 수학을 가르치려는 마음을 글자 하나하나에 꽉꽉 눌러 담은 느낌이랄까? 그래서 즐거운 마음으로 읽을 수가 없다. 보는 내내 갑갑한 마음에 얼마나 남았나 계속 책장을 들추며 읽는다. 수학 좀 하는 어른인 내가 읽어도 이렇게 부담되는 책이 아이들에게 읽힐 리 없다. 수학 동화는 동화가 우선이고, 그 안에 수학이 녹아들어야 한다는 게 수학 동화를 고르는 내 기준이다. 이야기에 몰입하기도 전에 수학이 떡하니 버티고 있으면 지레 겁을 먹어서 동화가 도무지 눈에 들어오지 않는다.

『누나는 수다쟁이 수학자』는 내가 처음으로 만난, 수학을 품은 동화다. 주인공 '루리'는 수학과 사탕을 좋아하는 엉뚱한 소녀다.

"삼각수를 서로 이웃해 있는 수끼리 더해보면 4, 9, 16이 되잖아. 4, 9, 16은 뭔지 알아?"

"그건 방금 구했던 사각수 아냐?"

"맞았어! 완전 신기하지? 호호호!"

등장인물의 캐릭터가 확실하고 문학적 요소가 강해 소설을 좋아하는 아이라면 이 책도 충분히 즐길 수 있다.

1권에서 수와 도형, 2권에서 분수, 3권에서 연산과 측정, 4권에서 소수와 분수의 연산을 다루며 초등수학 개념을 충실히 반영하고 있다. 2학년에서 5학년까지 내용이 버무려져 있어서 아이의 나이에 따라 세부적인 수학 내용을 모두 이해하기는 어려

울 수 있다. 하지만 개념이 줄거리에 녹아들어 아이들이 부담
감을 덜고 수학을 만날 수 있다.

　물론 동화만 읽고 수학 개념을 다 깨칠 순 없다. 어떤 사람들
은 수학 동화만 봐도 수학 개념을 이해하고 체화할 수 있다고
믿는데, 수학은 결국 식과 기호로 나타내고 해석할 수 있어야
한다. 책도 읽고, 수학 교과서와 문제집도 공부하는 게 맞다. 수
학 동화는 당장 문제는 풀고 싶지 않지만, 수학 개념은 알고 싶
을 때 의지할 수 있는 친절한 도우미다.

　아이들이 수학 동화를 읽지 않는 데는 숨겨진 문제가 하나
더 있다. 바로 문해력이다. 아이들이 긴 글을 소화하는 능력이
떨어지면서 동화가 어려워 수학 동화 역시 보지 않는 것이다.
그나마 익숙한 한글이 이해되지 않는데, 낯선 수학 개념이 눈
에 들어올 턱이 없다. 아이가 수학 동화를 멀리한다면, 문해력
에서 어려움을 겪고 있을 가능성이 크다. 이런 독자들의 성향
을 파악해서인지, 최근 출판되는 수학책들을 보면 긴 서사보다
는 짤막한 이야기 위주로 나온다. 그렇다면 아이들 입맛에 맞
는 수학 동화를 보면 되지 않을까? 그건 독자의 선택이다. 하지
만 이것만은 명심했으면 한다. 동화를 소화하지 못하는 문해력
으로 수학 개념을 수월하게 받아들이기는 무척 어렵다.

수학식당

김희남 지음, 김진화 그림 | 명왕성은자유다 | 2012. 09.

수학 식당에서 벌어지는 다양한 수학 문제를 만나는 수학 동화. 수학 문제에 골머리를 앓는 손님들이 셰프의 수학 요리를 먹으면 문제해결 방법과 수학 법칙을 이해하게 된다. 수학과 요리를 연결한 점이 아이들의 흥미를 끌어낸다.

유클리드, 플라톤의 진리를 찾아 도형 왕국을 구하라

오가희 지음, 이현수 그림, 계영희 감수 | 뭉치 | 2024. 02.

들이와 무게에 대한 측정 단위, 도형, 특히 입체도형을 익히며 문제를 해결해나가는 이야기다. 플라톤이 세운 도형 왕국에서 예언 속 '유클리드'라는 이름의 소녀와 소녀의 수호견 '매씨'가 플라톤의 유물인 전설의 쌓기나무를 통해 문제를 해결해나간다. 사건을 헤쳐나가는 주인공의 흥미진진한 이야기를 읽으며 자연스럽게 도형과 측정에 대해서도 익힐 수 있다.

만화책이라 오히려 더 좋아。

읽으면 수학천재가 되는 만화책: 초등 A

Team. StoryG 지음
올드스테어즈 | 2022. 03.

초등학교 3, 4학년쯤 되면 아이들은 '꼬마 티'를 벗어던지고 빨리 멋진 언니, 형이 되고 싶어 한다. 또래가 모르는 뭔가를 하나라도 알게 되면, '난 형아 수학을 알고 있는 그런 (대단한) 존재야!'라고 뽐내고 싶은 마음이 굴뚝같아진다. 친구에게 "너 파이(π)가 뭔 줄 아냐?"라는 질문을 들었다는 아이도 있었다. 또래 아이들보다 더 어려운 수학 용어를 알고 있다는 것. 그것 자체가 특별한 존재가 된 것 같은 기분이 드는 것 아닐까?

그래서인지 초등 3, 4학년 아이들에게 『읽으면 수학천재가 되는 만화책』을 건네면 다들 마다하지 않고 받아 든다. 처음엔 '제목 때문인가?' 싶었다. '천재'는 엄마도, 아이도 좋아하는 단어니까. 설마 정말 읽으면 천재가 된다고 생각하는 걸까? 천재가 될 것 같은 기분에 책을 펼쳤더라도 그런 이유로 끝까지 보진 않을 텐데….

책방에서 이 책을 고른 아이들에게 이유를 물었다.

"후루룩 넘겨봤는데 듬성듬성해서 좋아요."

"여러 번 읽어도 재미있을 것 같아요."

"그림이 귀여워요."

아이들의 대답을 들으며 그동안 아이들이 수학책을 볼 때 어떤 느낌을 받았는지 알 수 있었다. 아이들이 아는 수학책은 대부분 빽빽하고 기호나 문제로 가득 차 있다. 한마디로 부담스럽다. 그래서 아이들은 수학 만화책을 좋아하지만, 부모들은 탐탁지 않아 하는 경우가 많다. 그건 만화의 진가를 몰라서 그렇다. 만화가 수학 용어와 개념을 이해하는 데 도움이 된다. (단지 유명한 캐릭터를 써서 호기심을 자극하거나, 과장되게 웃겨서 재미만 추구하는 만화에 수학 개념만 살짝 얹은 엉터리 수학 만화책은 제외다.)

수학 개념을 설명하는 데 집중한 좋은 만화책이 점점 늘고 있다. 수학 개념을 이해하는 데 참고가 되는 그림, 수학 기호와 그림의 적절한 배치, 한눈에 봤을 때 부담이 안 되는 편집으로 수학 만화는 아이들의 마음을 사로잡는다. 본격적인 수학 공부가 시작되는 초등 중학년 시기, 수학 문제집이 아닌 수학책을 읽는다면, 이왕이면 아이들에게 기쁨도 주고 수학에 대해 오해도 풀어주는 책은 어떨까? 만화책이라도 괜찮다. 아니, 이렇게 좋은 만화책이라면 오히려 더 좋다.

함께 읽으면 좋은 책

꽁멍꽁멍 그림수학

장경아 지음, 김종채 그림, 와이즈만 영재교육연구소 감수 | 와이즈만북스(와이즈만 BOOKs) | 2024. 02.

바닷가의 모래는 모두 몇 개일까? 내 몸이 개미처럼 줄어든다면? 스마트폰 비밀번호는 몇 자리로 만들어야 안전할까? 이런 질문에 해답을 찾아 나서는 강아지 '꽁멍'. 꽁멍은 수학으로 문제를 해결하는 탐정이 되고 싶다. 그림만으로도 사건을 해결하는 과정을 이해할 수 있어서 만화책이 아닌데도 만화책을 읽는 것 같은 기분이 든다.

황당하지만 수학입니다

남호영 지음, 임다와 그림, 와이즈만 영재교육소 감수 | 와이즈만북스(와이즈만 BOOKs) | 2022. 10.

초등학교 4학년인 '나'는 궁금한 게 많다. 바닥에 떨어진 걸 주워 먹어도 될까? 얼마나 많은 학생이 코를 팔까? 물 위를 달릴 수 있을까? 이런 황당한 생각을 수학 덕후 파이쌤은 이그노벨상 수상자들의 연구를 바탕으로 수학적인 대답을 들려준다. 글이 적고 그래프와 그림이 많아 수학적인 내용을 쉽게 이해할 수 있다. 부모는 만화가 아니라서 좋고, 아이는 만화 같아서 좋다.

수학으로 노는 아이들 。

수학 없는 수학

애나 웰트만 지음, 고호관 옮김 ,이광연 감수
사파리 | 2020. 12.

아이와 부모, 학생과 교사, 아니면 수학을 좋아하는 어른이 주로 찾는 우리 책방에 어느 날 특별한 손님이 찾아왔다.

"어린이 작업실을 운영하고 있는데 아이들과 같이 읽을 만한 책이 없을까요?"

'어린이 작업실'이라니? 호기심이 생겨 어떤 곳인지 물어보니 미술, 기계, 목공 등 아이들이 각자 자기가 하고 싶은 다양한 작업을 하는 재미있는 공간이었다. 작업에 영감이 될 만한 여러 가지 책도 큐레이션 하는데, 이번에는 우리 책방으로 탐색을 왔다고 했다. 우리는 『수학 없는 수학』을 추천했다. 작업실 운영자에게 이보다 완벽한 수학책은 없을 거라 장담한다.

이 책의 원제는 『This is not a math book』. 수학책 표지에 '이것은 수학책이 아니다'라고 써놓다니! (책을 보는 순간, 초현실주의 화가 르네 마그리트의 〈이미지의 반역〉이 떠올랐다. 한가운데에 파이프를 그려놓고 "이것은 파이프가 아니다"라는 문장을 써둔 그 작품 말이다.) 이 책은 제목에 써놓은 대로 우리가 떠올릴 수 있는 수학책의 이미지를 모두 깨고 있다. 숫자, 수학 기호, 식, 작도, 증명, 그래프, 좌표 같은 것들을 두고 설명하거나 문제를 푸는 게 아니다. 컴퍼스와 자로 직접 그려보고 색칠해서 꾸미거나 오려서 미술작품을 만들기도 한다. 그렇다. 이것은 (문제를 푸는) 수학책이 아니다!

그래도 수학책은 맞다. 그림을 그리되 생각나는 대로 그리지 않고, 일정한 규칙에 따라 그리고, 오리고, 접는다. 예를 들어

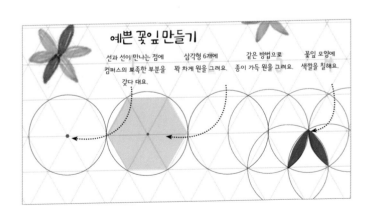

삼각형 모눈종이에 모눈종이 눈금의 길이를 반지름으로 하는 원을 그리면 원 안에 내접하는 정육각형이 생긴다. 모눈 한 칸씩 원의 중심을 옮겨 가면 원이 겹치고, 겹친 부분을 색칠하면 예쁜 꽃잎 모양이 만들어진다. 이 작업은 수학일까? 미술일까? 도무지 어울리지 않는 조합처럼 보이는 수학과 미술 사이엔 의외로 공통점이 많다.

우리 책방에서는 이 책으로 〈미술 수학〉 원데이 클래스를 만들었다. 수학과 미술이 반반이다. 90분 동안 똑같은 수학 개념을 배우고, 각자 개성이 담긴 작품을 만들어낸다. 수학이 예술이 되고, 예술이 수학이 되는 신비를 경험할 수 있다.

초등학교 아이들의 수학 공부는 진도만 나가면 안 된다. 몸에 개념을 새겨가는 시간이 필요하다. 아이러니하게도 '수학적 사고'는 '머리'만으로는 배울 수 없다. '몸'으로도 배운다. 수학적 사고를 단단하게 하며 다양한 경험을 쌓는 데 '노는 것'보다 좋은 건 없다. 간접적으로 수학 공부에 도움을 주는 만들기 놀이 같은 활동이 수학을 배우는 또 다른 방법이라는 걸 명심해야 한다.

무엇보다 아이들은 수학의 '쓴맛'뿐 아니라 '단맛'도 봐야 한다. 그래야 수학은 재미있고 즐겁다는 감정이 아이들에게 남는다. 누군가가 그까짓 감정이 뭐가 중요하냐고 묻는다면, 당신은 '수학'이란 말을 들었을 때 어떤 느낌이 드냐고 되묻고 싶다.

공부머리 깨우는 수학게임

애나 클레이본 지음, 이은경 옮김 | 토트주니어 | 2023. 02.

이 책에는 84개의 수학 게임이 있다. 숫자와 수 개념, 도형 등을 활용한 각종 보드게임에, 친구들과 함께 하는 숫자놀이, 미로 찾기, 만들기까지 다양한 게임이 담겨 있다. 준비물도 간단해서 종이와 연필, 동전이나 주사위, 그래프용지 등을 활용해서 바로 시작할 수 있다. 책에 소개된 수학 게임을 굳이 다 할 필요는 없다. 5~6개 정도라도 설명 없이 즐길 수 있을 정도로 익숙해지는 게 중요하다.

만공수학-수학은 누가 만들었을까

스콜라스

만공수학은 '수학은 누가 만들었을까?'를 주제로 수학자와 연관된 건축물로 구성된 만들기 교구다. 수학자들의 삶과 수학 이론을 설명한 자료도 함께 들어 있다. 이야기를 나누며 수학자와 건축물을 조립하다 보면 수학이 문제집 속에만 존재하지 않는다는 걸 깨닫는다.

수학 종이접기

오영재 지음, 백석윤 감수 | 종이나라 | 2020. 02.

어린이들이 쉽게 접근할 수 있는 '종이접기'로 초등수학 교과 과정의 도형 영역을 접어볼 수 있다. 수학에 대한 흥미와 자신감을 키우기 위해서는 수준에 맞는 내용을 스스로 탐구해보는 게 중요하다. 종이접기로 도형을 접어보고,

접은 도형을 활용해 여러 가지 쓸모 있는 소품이나 동물, 장난감 등을 만들어보면서 추상적인 수학의 개념을 구체적으로 탐구할 수 있게 하는 책이다.

4단계

초등 고학년

∘

수학의 깊이를 더하는 단계

풍부한 이야기로 수학의 깊이를 더한다

공감 가는 이야기라면
수학 소설도 가뿐히 。

쓸모 있는 수학만 하겠습니다!

에드바르트 판 더 펜델 · 이오니카 스메이츠 지음, 플로어 더 후더 그림, 정신재 옮김
위즈덤하우스 | 2023. 03.

엄마와 엄마만큼 큰 키의 딸. 이 모녀는 친구처럼 머리를 맞대고 이 책 저 책 들여다봤다.

"선생님, 이 친구가 5학년인데요. 너무 유치하지 않고, 너무 어렵지도 않으면서 수학이란 게 쓸 데가 있다고 느끼게 하는 책이 있을까요?"

초등학교 5학년. 몸은 다 큰 것 같은데 아직 지식수준은 높지 않은 애매한 학년이다. 우리 책방에 오는 아이 중, 이 나이대 아이들에게 책을 권하기가 가장 힘들다. 300쪽 이상의 문학책은 술술 읽는 반면, 수학책이라면 100쪽 정도 되는 책도 못 읽는 아이들이 허다하다. 물론 어른도 읽기 힘든 수학책을 읽어내는 아이들도 있다.

"소설을 좋아하나요? 아니면 비문학을 좋아하나요?"

"전 소설이 좋아요."

아이가 불쑥 대답한다.

"어, 그래? 수학식이 있어도 괜찮을까?"

아이는 어깨를 으쓱하면서 "뭐, 수학식 정도는 좀 있어도 괜찮아요"라고 대답한다.

"그럼 이 책 한번 읽어볼래? 소설과 만화가 섞인 책이거든. 네덜란드의 5학년 학생들의 이야기인데 아이마다 고민이 있어. 아이들 사연은 소설로 쓰여 있고, 아이들이 묻는 수학 문제는 만화로 나와 있어서 이해하기 쉬울 거야."

내가 권한 책은 『쓸모 있는 수학만 하겠습니다!』였다. 아이는 책을 슬쩍 넘겨보았다.

"이 책에 나오는 아이들의 고민은 현실적이야. 내 절친이 좋아하는 남자애가 나한테 고백했어. 그런데 나도 그 남자애가 좋아. 어떻게 하면 좋을까? 혹은 슈퍼마켓에 가면 왜 항상 가장 오래 기다리는 줄에 서게 되는 걸까? 계산이 빨리 끝날 것 같은 줄을 고를 수 있을까? 만약 이혼해서 따로 살던 부부가 다시 함께 산다면 난민들의 주택난을 해결하는 데 도움이 될까? 일상적인 문제부터 사회 문제까지 무척 다양하지. 그리고 그런 문제를 수학적으로 생각하는 방법을 이야기하고 있어."

아이는 잠시 생각하더니 한번 읽어보겠다면서 소파로 갔다.

이 책의 이야기는 어느 날 흡시카 초등학교 5학년 학생들이 '쓸모없는' 수학 수업을 거부하자, 당돌한 아이들의 반기에 선생님들이 일주일에 한 번 학생들이 가져오는 문제로 수업을 하겠다고 응수하며 시작된다. 고학년 친구들은 어른들이 하라고 하면 왜 그렇게 해야 하는지 묻고 따지고 싶어 한다. 이 책의 아이들도 그렇다. 흡시카의 수학 선생님들은 학생들에게 왜 쓸데없는 질문을 하는지 타박하지 않는다. 대신 그 문제를 수학적으로 해결하는 데 필요한 조건을 생각하게 하고, 함께 문제를 해결하려고 애쓴다. 이렇게 하나의 질문을 수학적인 사고로 풀어보는 과정은 아이들이 어떤 현상을 분석적으로 해석하고, 비판적 사고를 키울 수 있게 도와준다.

아이는 이런 감상평을 들려주었다.

"선생님, 이 책 생각보다 읽기 쉬웠어요. 질문도 재미있고요. 특히 '평생 흘린 눈물로 욕조를 채울 수 있을까?' 이 부분은 에피소드도 재미있고, 수학 문제도 흥미로웠어요."

처음보다 훨씬 싹싹해진 말투가 기분이 좋아 보였다. 나머지는 집에 가서 보겠다며 책방을 나섰다. 집에서 조용히 집중하며 흡시카 친구들의 문제를 풀고 싶었을 거다. 등장인물에게 감정이입 하는 만큼 수학적 사고가 깊어질 것이다.

소피의 사라진 수학 시간

조은수 지음, 유현진 그림 | 다봄 | 2024. 02.

여성에게 수학 공부조차 허락되지 않았던 18세기. 밤에 촛불을 켜고 몰래 공부하던 주인공 '소피' 앞에 위대한 수학자 아르키메데스가 나타난다. 현대 수학자 페렐만도 소피를 찾아온다! 세 천재 수학자는 왜 만나게 되었을까? 동시대를 살지 않았지만, 수학으로 이어진 인연의 끈을 소설로 표현했다. 소설의 이야기 구성에 익숙하고, 역사 상식이 풍부한 고학년 친구들이 읽기에 더 좋다.

화장실 수학 탐험대

박병하 지음 | 행성B | 2023. 03.

수학을 왜 배우는지 모르겠고, 수학은 교실에만 있다고 생각하는 어린이들을 위한 수학 동화다. 매일 사용하는 화장실에서 주인공들은 수많은 수학 개념을 만난다. 수학 탐험대를 이끄는 소냐 이모는 일상에 숨은 수학을 발견하는 법, 복잡한 개념을 수식으로 표현하는 법, 정확하게 생각하고 정확하게 표현하는 법 등을 알려준다. 『쓸모 있는 수학만 하겠습니다』가 다양한 상황에 놓인 학생들의 이야기라면 이 책은 화장실이라는 한정된 공간에서 수학이 어떻게 쓰이는지 이야기한다. 하루에도 몇 번이나 들르지만, 수학과는 전혀 상관없을 것 같은 화장실이라는 공간을 배경으로 호기심을 불러일으킨다.

졸업 전에 이것만은
알고 넘어가자。

지금 하자! 개념 수학 1

강미선 지음, 김용연 그림
휴먼어린이 | 2016. 11.

초등학교 수학은 연산이 대부분이라 어려울 게 없다고 말하지만 그건 어른들 생각일 뿐이고, 아이들 입장은 다르다. 초등학교 내내 사칙연산을 비롯해 약수와 배수, 분수, 소수, 도형까지 많은 걸 배웠는데 여전히 그들 사이의 관계에 대해선 알 듯 말 듯 하다. 중학교에선 수가 확장되고, 도형도 측정하는 수준을 넘어 논리적 인과관계를 증명하는 방향으로 전개되기 때문에 졸업 전에 전체적으로 개념을 정리하는 것이 필요하다.

이렇게 초등 전체 개념을 다루고 있는 책 중에는 영역별로 정리된 문제집도 많고, 미국 책을 번역한 개념서도 있다. 문제집은 문제를 다 풀어봐야 하니 부담스러운 데다 개념에 집중하지 못해 아쉽다. 미국 책은 용어가 살짝 다르고, 초등에서 다루는 범위도 달라 읽다 보면 고개를 갸우뚱할 수 있다. 그런데 한국 교과 과정을 기본으로 하되 문제집이 아닌 개념서가 있다. 『지금 하자! 개념 수학』이다.

이 책은 수, 연산, 도형, 측정 · 함수 총 네 편으로 되어 있다. 그중 첫 번째 '수'의 목차를 살펴보면 '짝짓기도 수학이다' '수와 숫자는 다르다' '자릿값이란 무엇일까?' '소수는 무엇일까?' '0이 뜻하는 것들' 같은 주제를 다루고 있다. 초등학생들이 미처 생각하지 못했을 접근이다. 예를 들어 "0이 뜻하는 것이 뭘까?"라고 물어보면 대개 학생들은 "아무것도 없는 거요"라고 대답한다.

이 책은 0을 '자리 지킴이' '시작점' '크기가 0인 수' '양수와 음수를 가르는 기준점'이라고 한다. 그러면 학생들 반응은 이렇다. "뭐라고요? 0이 그렇게 하는 일이 많아요?"

그런데 이건 아이들도 이미 다 아는 개념이다. 다만 '0의 다양한 기능과 뜻'에 대해 이름 짓지 않았던 것뿐이다.

'수'뿐 아니라 '연산' '도형' 측정 · 함수'도 개념 순서대로 정리하고 그들 사이의 관계를 명백하게 함으로써 그동안 배웠던 것을 한눈에 볼 수 있게 펼쳐놓았다. 고등학교에서는 이런 개

넘서가 익숙하다. 대표적인 책이 『수학의 정석』이다. 이 책에는 이런 캐치프레이즈가 붙어 있다. '만만하게 읽고 단단하게 다지는 초등 개념 수학의 정석!' 실로 '정석'이라 할 만하다.

이 책은 복습용, 예습용, 교과서 병행용으로 쓸 수 있다. 복습용일 때는 순서대로 읽어나가되 하루에 한 단원씩 읽고, '창의 융합 사고력'과 '톡톡 수학 게임'도 풀어본다. 예습용으로 볼 때는 어려운 개념이 나온 단원을 꼼꼼하게 읽으면 좋다. '스토리텔링 수학'과 '개념과 원리' 부분 위주로 살펴보자. 교과서 병행용으로 볼 때는 맨 뒤에 있는 개념 트리를 확인해 어느 지점인지 확인한 후 해당 단원을 찾아본다. 한 번에 한 단원을 다 읽지 말고, 교과서에서 이해 안 된 부분, 좀 더 깊이 설명된 부분을 읽으며 이해의 폭을 넓혀보는 것도 좋은 방법이다.

우리나라는 초등학생 부모일수록 학년 순서대로 공부해야 한다는 고정관념이 있다. 부모들은 학년마다 배우는 수학 개념이 다르다고 생각하지만, 사실 5학년에 나오는 개념이 4학년 때 배운 개념의 심화 내용일 수 있으며 6학년에 배우는 개념은 5학년 개념의 다른 측면일 수도 있다. 학년이 올라갈수록 개념을 종합적으로 바라보는 관점이 필요하다. 각 학년의 과정만 반복적으로 복습하고 심화 학습을 하면 마치 코끼리 다리만 붙잡고 코끼리의 모습을 상상하는 우를 범할 수도 있다. 이런 책은 저학년 때부터 활용하기를 추천한다. 부모도 아이도 초등수학의 큰 그림을 그려보는 데 훨씬 도움이 된다.

어서와! 중학수학은 처음이지?

박영훈 지음 | 라의눈 | 2022. 01.

각 단원별로 초등수학과 중학수학의 개념을 직접적으로 연결해주는 책이다. 초등 아이들이 '이미 아는 것'에서 출발해 초등수학 개념을 '재발견'하게 한다. 풀 줄은 알지만, 왜 그렇게 푸는지 미처 몰랐던 원리를 알게 되고, 잘못 이해하고 있는 것도 바로잡을 수 있다. 학습의 성격이 강하기 때문에 한 번에 다 읽기보다 챕터별로 나눠 읽는 것이 좋다.

수학천재의 비법노트

브레인 퀘스트 지음, 김의석 옮김 | 우리학교 | 2017. 06.

그야말로 수학을 잘할 수 있는 비법이 가득 담겨 있는 노트다. 중요한 수학 용어는 형광펜으로 표시해놓았고, 알록달록한 화살표 상자 속에 다양한 예제 풀이를 담아놓았다. 중간중간에 그려넣은 재미있는 그림이나 낙서가 개념 이해를 돕기도 한다. 번역서이기 때문에 우리나라 교육과정과 완전히 같진 않다. 초등에서 중등으로 넘어가는 시점에서 전체적인 개념 정리를 할 때 도움이 될 책이다.

초등 고학년이
수학사를 알아야 하는 이유。

빠르게 보는 수학의 역사

클라이브 기퍼드 지음, 마이클 영 그림, 장석봉 옮김
한솔수북 | 2022. 05.

    우리 책방에는 수학의 역사를 다룬 책이 많다. 초등학교 저학년을 위한 이야기를 담은 책, 고학년을 위한 짧고 가벼우면서도 위트가 넘치는 책, 중학교 수학 이상 알아야 볼 수 있으며 수학자들의 이론이 수록되어 어느 정도 지식이 필요한 책 등 수준별로 다채롭다. 또한 책 두께가 100쪽도 안 되는 얇은 책부터 1000쪽에 육박하는 벽돌 책까지 볼륨도 다양한 수학사 책이 서가 한 칸을 차지하고 있다.

초등학생이 수학사 책을 꼭 읽어야 할 필요는 없다. 수학 교과서에 나오는 개념을 충실히 알고, 연산 실수 없고, 문장제 문제를 수학적인 사고로 풀 수 있으면 된다. 그런데 학년이 올라갈수록 점점 복잡한 기호와 식이 나오기 때문에 흥미가 떨어진다. 급기야 '수학을 왜 공부해야 하지?' '도대체 이런 문제들은 누가 만든 거야?'라며 원망하는 마음이 생기기도 한다. 이럴 때 수학사 책을 읽으면 '아, 수학에 이런 이야기가 있었어?' 하며 수학에 품었던 뾰족한 마음이 누그러질 수도 있다. 이왕이면 재미있는 책이 아이들 마음에 더 가깝게 다가갈 수 있을 터.

우리 책방에서는 초등 고학년 친구들에게 『빠르게 보는 수학의 역사』를 권한다. 이 책의 저자는 저널리스트다. 쉽고 재미있게 글을 써서 가독성이 매우 좋다. 한 꼭지 분량도 짧고, 그림도 위트가 넘쳐서 줄글 책을 술술 읽는 초등 고학년 친구들이라면 낄낄거리며 볼 수 있다. 예를 들면 이런 식이다. 한 손에 뼈를 든 선사시대 사람이 "내 휴대용 계산기 좀 볼래? 새의 뼈에 금을 새기는 신기술이 적용된 거야"라고 말한다. 뼈나 막대에 수를 기록하는 방식을 비유적으로 나타낸 건데, 나는 이 부분을 읽고 한참 웃었다. 게다가 책이 얇은데도 56개나 되는 주제를 다루면서 군더더기가 없고 알차다.

반신반의하며 이 책을 샀던 고학년 학부모가 열 달 만에 책방에 다시 왔다. 이번엔 아이도 함께 왔는데 『빠르게 보는 수학의 역사』를 진짜 재미있게 봤다면서 제일 인상적이었던 부분을 이야기해주었다.

"선생님, 프로그램을 할 수 있는 최초의 컴퓨터가 뭔 줄 아세요? 1900년대 과학, 공학에 필요한 수학표를 만드는 일이 유행했었대요. 그때 컴퓨터라고 불린 계산원들이 거의 여성이었대요. 전 컴퓨터가 기계인 줄 알았거든요. 그런데 계산하는 사람들이었다니 놀랐어요. 그리고 나중에 컴퓨터가 진짜 만들어졌을 때도요. 그걸 작동시킬 때는 여성 계산원들이 필요했었대요. 최초의 프로그래머도 여성이었고요. 저도 프로그래머가 될 거예요."

수학사 책을 읽으며 수학자에 빠지는 아이들도 있고, 이 아이처럼 꿈을 찾는 아이들도 있다. 어떤 아이는 '수학자들은 컴퓨터 덕분에 지긋지긋할 정도로 길고 복잡한 계산에서 해방되어 창의성을 발휘할 수 있었다'라는 대목이 이상했다며 질문을 쏟아냈다.

"수학자는 당연히 계산하기를 좋아하는 줄 알았어요. 계산을 좋아하니까 수학자가 된 거 아니에요? 그리고 수학자가 창의적인 것도 이상했어요. 수학 개념은 외워야 하는 거 아닌가요?"

이렇게 아이가 질문하면 고품격 대화가 가능해진다.

"수학에 대해 오해가 좀 있었던 것 같은데? 계산을 잘하지 못했던 수학자도 많았어. 게다가 수학자들이 문제를 해결하는 방법을 잘 봐. 얼마나 창의적인데. 아르키메데스나 에라토스테네스도 그랬잖아?"

수학사를 알면 수학 보는 눈이 달라진다. 수학자들의 이름이 친숙해지고, 교과서에서 만나는 식이나 도형이 수천 년 전부터 이어진 수학자들의 노고였다는 것을 알게 된다. 그들이 우리를 괴롭히기 위해서 수학을 만든 것이 아니라 궁금한 것을 해결하다 보니 그런 방법이 쌓였고, 과학과 공학이 발달하면서 수학이 더 많이 이용되고 발전하게 되었다는 것을 이해할 수 있다. 더불어 수학이 우리 생활에 얼마나 필요한지도 실감한다. 수학에 대한 감정도 긍정적으로 바뀐다. 그러니 초등학교 시절 수학사 책을 읽는 것은 매우 권장할 만한 일이 아닐까?

수학자 도감

혼마루 료 지음, 김소영 옮김, 최경찬 감수 | 뜨인돌 | 2023. 09.

수학계의 거인으로 불리는 아르키메데스, 뉴턴, 가우스, 오일러부터 앨런 튜링까지 34인의 대표적인 수학자를 다루는 도감 형태의 수학 교양서다. 수학에 대한 집요한 열정, 그들을 천재로 만든 생각법, 수학 이론이 만들어지기까지의 과정이 생생하게 펼쳐진다. 이해를 돕는 재미있는 삽화와 도표, 사진까지 풍부하게 수록되어 있고, 시대별로 테두리 색깔을 달리 표시해서 책을 스르륵 넘겨보기만 해도 같은 시대 수학자들을 확인할 수 있다. 청소년이 보기에 편집과 내용 모두 충실하다.

끈·자·그림자로 만나는 기하학 세상

줄리아 E. 디긴스 지음, 코리든 벨 그림, 김율희 옮김, 김용관 감수 | 다른 | 2013. 08.

원을 그리는 컴퍼스 역할을 하는 '끈', 직선을 긋는 '자', 사물 자체를 직접적으로 다루기 어려울 때 이용하는 '그림자'. 이 3가지 도구에서 기하학이 어떻게 탄생하고 발전해왔는지를 소개한다. 이집트에서 그리스로, 탈레스에서 유클리드까지 실제와 상상의 이야기가 융합된 책이다. 특히 끈과 자를 이용해서 어떻게 그림을 그렸는지 여러 삽화를 통해 보여줘 연상이 쉽다. 『빠르게 보는 수학의 역사』가 풍자와 해학으로 보이지 않는 부분을 채웠다면 이 책은 이야기와 그림으로 채웠다.

수학의 세계로 빠져들기

중등~성인

우리는 모두 수학을 좋아했다

중학 수학이 무섭다면.

요즘 애들 수학

임청 지음
초록비책공방 | 2022. 01.

다른 서점도 그렇겠지만 우리 책방도 중학생보다는 초등학생이 많이 온다. 중학생을 수학책방에서 만나는 일은 매우 드물다. 간혹 부모님이나 선생님과 함께 수학책방을 찾는 청소년들이 있긴 하지만, 딱 거기까지! 책을 잘 안 읽는다는 요즘 중학생들이 자기 손으로 책을 직접 고르거나 자연스럽게 책을 펼치는 모습을 보기란 쉽지 않다. 그런데 책방에 온 초등 고학년이나 중학생에게 "이거 한번 읽어봐" 하고 쓱 건네주면, 순순히 소파로 가서 읽는 책이 있다. 옆에서 부모가 눈치껏 조심스럽게(!) 어떤지 물으면 "괜찮네" 하며 쿨하게 인정하고, 결국 "이거 사 갈래요" 하는 그런 책이다.

바로 『요즘 애들 수학』. 가만 보니, 제목이 일단 마음에 든 것이다. 요즘 애들이 '요즘 애들'로 불리는 걸 좋아하는 마음을 꿰뚫었다. 게다가 수학의 아름다움으로 안내하는 과정이 상당히 매끄럽다. 구구절절 수학의 중요성을 강조하면 요즘 애들이 도망갈 텐데, 담담하게 이어지는 서술이 오히려 요즘 애들을 붙잡아둔다.

이 책은 익숙한 소재로 시작한다. 예를 들면, 『이상한 나라의 앨리스』에 대한 이야기로 '닮음' 개념을 설명하고, '배스킨라빈스 31 게임'으로 '수열' 개념을 살펴보는 식이다. 또는 복권이나 가족의 혈액형을 이야기하다가 은근슬쩍 확률 통계로 넘어간다. 중학생 독자들이 관심 있어 할 만한 이야깃거리를 저자가 익히 알고 있어 가능한 전개다. 저자는 과연 누구일까? 중학교 교사다. 누구보다 중학생들과 매일 소통하기 때문에 아이들 마음을 잘 안다.

익숙한 이야기에서 시작해 자연스럽게 수학 개념 설명으로 이어진 다음, '그런데 이런 걸 누가 알아냈지?'라고 궁금증이 생겨나는 대목에서 '짠!' 하고 수학의 역사를 소개하는 순서로 넘어간다. 이 책에서 소개하는 주제는 음수, 방정식, 함수의 그래프, 피타고라스 정리, 평균 등 중학교 수학에서 다루는 개념

들이다. 중학교 수학 개념을 다 설명하는 게 아니라, 특별히 중
요하거나 어려워하는 주제만 뽑았다. 교과 순서 그대로 했다면
음수에서 시작했을 텐데, 이와 다르게 요즘 애들이 가장 어려
워하는 기하로 시작했다는 점에서도 신선하다. 요즘 애들이 좋
아하는 밀키트처럼 '수학의 필요성 + 수학 개념 + 수학의 역사
+ 수학 교육과정'으로 이루어진 세트 구성이라 독후감 쓰기도
좋다!

'그런데요, 이런 걸 아는 게 학교 수학에 도움이 되나요?'라는
궁금증이 생길 독자들에게 저자는 키워드로 대답하고 있다. 교
과 과정과 핵심 개념이 태그로 정리되어 있어 교과서의 '핵심
개념 소개'보다 훨씬 트렌디하다. 이 책은 아이들이 자기 손으
로 꺼내 읽을 만한 귀한 책이다.

중학수학 별거 아니야

강미선 지음, 문진록 그림
과학동아북스 | 2011. 04.

"큰아이가 곧 중학생이 되는데 아직 선행학습은 하지 않았어요. 수학을 어려워하는 편인데 핵심 개념을 잘 설명하면서도 좀 쉬운 중1 수학책이 있을까요?"

이렇게 묻는 손님이 종종 있다. 이럴 때 추천하는 책이 『중학 수학 별거 아니야』다. 초6 아이와 말레이시아로 이민 간 엄마는 이 책을 챙겨갔다고 한다. 수학은 만국 공통이니, 한글로 된 수학책으로 미리 중학 과정을 예습하고 싶었단다. 무엇보다 수학에 대한 두려움을 잊게 할 것 같아서라고.

"내년에 벌써 중학생이라니 떨려요."

유치원을 졸업하고 초등학생이 되는 어린이들이 '와, 나도 이제 학생이 된다!'는 설렘을 갖고 있다면, 중학생이 되는 아이들은 두려움이 앞선다. 학생들이 갖게 되는 수학에 대한 막연한 두려움을 없애는 게 이 책의 목적이다. 우선, 제목부터 도발적이다. "중학 수학 별거 아니야!"라고 무심하게 툭 던지는 말 같다. 이 말을 믿지 못하는 독자들을 이 책은 어떤 방법으로 설득할까?

이 책이 선택한 방법은 초등학교 수학 교과서와 중학교 교과서를 나란히 놓고 1:1로 비교해서 보여주는 것이다. 본문 구성이 매우 단순하다. 초등학교 문제 vs 중학교 문제, 그리고 중학교에서 새로 배우는 개념. 이 두 문제가 어떻게 관련되어 있으며, 초등학교에서 배운 것과 중학교에서 새로 배우는 것의 차이가 무엇인지, 어떤 점에 유의하면 되는지 설명한다. 예를 들어 '거듭제곱'은 다음과 같다.

$$2 \times 2 \times 2 \times 2 \times 2 = 32$$

같은 수를 여러 번 곱하는 건, 초등학생도 할 수 있다. 중학교에서는 이걸 좀 더 간단히 표현한다.

$$2^5 = 32$$

2를 5번 곱하는 건 똑같고, 결과도 똑같다. 단지 표현이 달라졌다. 뭔가 '있어 보인다'. 수학에서 새로운 표현을 만드는 이유는 복잡한 걸 간단하게 나타내고 싶어서다. 2를 100번 곱하는 과정을 다 쓰려면 많은 공간이 필요한데, 거듭제곱으로는 간단하다.

$$2 \times 2 \times 2 \times 2 \times 2 \times 2 \times 2 \times 2 \times 2 \times 2 \times 2 \times 2 \times \cdots \times 2 = 2^{100}$$

이런 식으로 중학교 1학년과 2학년에서 배우는 모든 수학 개념을 초등수학 문제와 일일이 비교한다. 물론, 중학교에 올라와서 배우는 핵심 개념의 정의도 알려준다. 소인수분해, 피타고라스 정리, 무리수, 일차함수와 같은 낯선 용어도 사실 그 뿌리는 초등학교 때 이미 배웠음을 상기시킨다.

낯가림이 심하고 새로운 것에 적응하는 데 유난히 시간이 오래 걸리는 6학년이라면 이 책을 읽고 자신감을 가질 수 있다.

지금 배우는 수학을 열심히 공부하지 않는 아이라면 '아, 수학은 연결되지 않는 개념이 하나도 없구나. 그렇다면 지금 배우는 초등수학을 꼼꼼히 공부해야겠네' 같은 생각을 자연스럽게 할 수도 있다. 엄마표 수학으로 자녀와 함께 초1부터 차근차근 성장 중인 학부모라면 (자신은 이미 지나온 과정이지만) 미리 중학교 과정을 들여다보고 계획을 짤 때 도움이 된다. 초등학교와 중학교에서 배우는 비슷한 개념을 1:1로 비교하는 단순하고 쉬운 구성의 이 책을 먼저 읽고 중1 문제집을 풀어보는 건 어떨까? 수학이 훨씬 쉽게 느껴질 것이다.

어쩌다 만난 수학

고정욱 지음 | 책담 | 2022. 12.

'수학 배워서 뭐 해?'라고 생각하는 청소년에게 권하고 싶은 책. 이 책을 읽으면 '수학 지식이 많으면 부자가 될 수도 있겠다!'라는 생각이 들 수도 있다. 3명의 중학생과 함께 금동불상 찾아 모험을 떠나는 이야기로, 저자의 매력적인 글솜씨에 빠져들다 보면 수학과 인생에 대한 깨달음까지 얻을 수 있다.

유리수 상자의 비밀

박현정 지음, 오윤화 그림 | 파란자전거 | 2012. 09

판타지 수학 소설이다. 중학교 수학에서 중요하게 다루는 약수와 배수, 유리수, 무리수, 확률과 통계, 함수 등을 흥미진진한 모험을 통해 즐겁게 학습할 수 있다. 판타지는 좋아하지만, 설명이 많은 책은 별로인 초등학교 고학년에서 중학생에게 추천한다.

수학특성화중학교

이윤원 · 김주희 지음, 녹시 그림 | 뜨인돌 | 2015. 12

중학생들이 주인공인 미스터리 수학 소설. 등장인물이 주고받는 대화를 통해 중학교에서 다루는 중요 수학 개념을 설명한다. 중학생이 되면 겪을 수 있는 일을 미리 예상할 수 있어서 학습에 동기부여가 된다. 문제집으로 중학수

학을 먼저 예습한 상태라면 이 책의 설명이 불필요하게 느껴질 수 있으니, 선행학습을 하기에 앞서 이 책을 먼저 읽기를 추천한다.

어서 오세요! 수학가게입니다

무카이 쇼고 지음, 고향옥 옮김 | 탐 | 2014. 08.

이 책도 수학 소설이다. '수학가게'는 수학 문제를 파는 곳이 아니라, 수학 문제를 풀어준다. 게다가 수학 문제 해결사가 상주한다. "수학을 통해 문제해결력을 키울 수 있다"라는 어른들의 말에 의심을 품고 있는 청소년이라면 이 수학가게에 와서 고민을 상담하는 상상을 해보자. 혼자 속으로 끙끙 앓던 문제가 풀릴 수 있다. '나도 당장 수학가게를 열고 친구들의 해결사로 나서도 싶다'라는 욕구가 불끈 솟아오를 수도 있다. 이 책을 읽고, 수학 관련 학교 행사에 참신한 아이디어를 내보자.

0의 비밀 화원

박현정 지음, 오윤화 그림 | 파란자전거 | 2011. 01.

중학교에서 배우는 수학 개념 중 학생들이 자주 틀리거나 잘못 알고 있는 개념을 판타지 소설로 풀어냈다. 생활 동화보다는 판타지를 좋아하는 학생들에게 인기가 많아서 오랫동안 사랑받는 책이다.

한 권으로 후다닥,
수학 개념 마스터하기 。

다시 고등 수학

나가노 히로유키 지음, 서재원 옮김
길벗 | 2022. 01.

"제가 수학을 다시 시작하고 싶은데, 혹시 그런 책이 있나요?"

"어디서부터 시작하시려고요?"

"중학교 내용까지는 어렴풋하게 기억이 나요. 인수분해도 할 수 있을 것 같은데, 고등학교 수학은 기억이 잘 안 나네요."

"그러면 고등학교 수학부터 시작하시면 되겠네요."

우리 책방에 이런 독자들이 많은 것 같아 어느 날 〈데카 스터디〉를 하자고 제안했다. 『다시 고등 수학』이라는 책으로. 중학교 수학 내용을 어느 정도 기억하고 있다면 읽을 수 있는 고등학교 수학책이다. 고등학교 시절, 수학 올림피아드에 출전한 경력이 있는 저자는 성인들을 위한 수학에 관심이 많다고 한다. 그래서일까? 이 책은 고등수학을 다시 공부하기에 아주 적절하다.

우선 설명이 매우 자세하고 친절하다는 게 가장 큰 장점. (안 해도 될 설명까지 구구절절하는 책은 '자세하기는 하지만 친절하지 않은 책'에 속한다.) 예를 들어, '원주각의 크기는 중심각의 절반이다'라는 설명에 대해 대다수의 책은 곧바로 증명에 들어가는데, 이 책은 '하나의 호에 대한 원주각 정점 위치를 3가지로 나눈 다음 각각의 경우를 증명해야 한다'와 같은 식이다. 이런 친절함 덕분에 독학이 가능하다.

줄 간격도 넓은 편이다. 564페이지나 되지만 페이지가 술술 넘어간다. 그렇다고 줄글만 읽다 보면 '막상 실제에서는 문제를 못 풀 수도 있지 않을까?' 하는 생각이 들 수도 있는데, 이런 마음을 아는지 연습문제도 빼놓지 않았다. 다행히 필수적인 기본 문제들이라 어렵지 않은 편이다. 문제를 못 풀어서 오는 찜찜함은 없다.

『다시 고등 수학』은 기하부터 시작하는데, 보통의 고등학교 수학책들이 수와 연산부터 시작한다는 것을 생각하면 색다른 출발이다. 기하에서는 주로 증명을 다룬다. 최근 우리나라 수학에서는 소홀히 다루는 분야라서 생소하고 어렵게 생각될 수 있다. 1장이 살짝 어려울 수 있지만 내용이 많지는 않다. 2장으로 들어서면 어른들에게 익숙한 방정식이 나와 쉽게 페이지가 넘어간다. 이 책은 5장 해석학에서 미적분을 꽤 비중 있게 다루고 있다. 다음 단계인 확률과 통계나 행렬, 복소평면까지는 몰라도 되겠다는 분들이라면 5장까지를 목표로 하는 게 현실적이다. 지수로그함수와 삼각함수 부분에는 문제도 있고 설명이 꼼꼼한데, 미적분은 개요만 간단히 설명하고 연습문제는 없다. 미적분까지 진도를 나가면서 문제는 안 풀어도 되니 얼마나 마음이 편한지!

'데카 스터디'는 이 책을 각자 읽고 문제도 푼 다음 모여서 총정리 하는 것으로 방식을 정했다. 참가자 12명이 모였다. 노트에 본문을 요약하고 풀이 과정을 적는 사람들도 있었다.

"귀류법을 고등학교 때 배운 기억은 있는데, 매번 대충 지나간 것 같아요. 그런데 이 책에 나온 예시와 설명을 읽으니 바로 이해가 되었어요."

"데카 스터디가 제 삶의 비타민입니다"라고 말한 사람도 있었다. 고등학교 수학 문제 푸는 게 삶의 비타민이라고 하면 과장되었다고 생각할 수도 있지만, 실제 그분이 느낀 것이니 어쩔 텐가. 강요한 게 절대 아니다.

어른이 되고 나서 다시 수학을 공부하려는 사람들에게 "왜 수학을 다시 공부하고 싶으신가요?"라고 물으면 답이 다양하다. 그냥 취미로 하고 싶다는 사람도 있고, 자녀가 중학교에 올라가는데 미리 공부를 좀 해두어야 할 것 같다는 사람도 있다. 초·중생 공부방을 운영하고 있는데, 고등학교 수학을 좀 알아야 잘 가르칠 수 있을 것 같아서 공부한다는 사람도 있다. 수학을 다시 공부하려는 이유는 다르지만 다들 하나같이 망설이고 걱정하는 마음을 품고 있다. 왜 그럴까? 배운 과정은 같았어도 기억에 남은 것은 천차만별이기 때문이다.

처음 수학을 배우는 아이들은 출발점이 같다. 지금까지 배운 내용도 똑같고 앞으로 배울 내용도 똑같다. 하지만 수학을 다시 공부하려는 사람들은 다르다. 고등학교 입학을 앞둔 중3 학생이나 재수생, 또는 성인은 각자 출발점이 다르다. 어떤 이는 초4부터 수학 공부를 놓았고, 어떤 이는 중3까지는 확실히 기억나는데 고1부터 가물가물하다. 그래서 어디서부터 어떻게 다시 해야 할지 뾰족한 수도 없고 막막할 것이다. 그렇더라도, 수학을 다시 시작할 수 있을까? 물론이다.

초 / 중 / 고등 수학 개념 대백과

시미즈 히로유키 · 신카이 다히로 · 세이노 다쓰히코 · 하야카와 겐 · 야마모토 히데키 지음 | 키출판사 | 2018. 06.

초·중·고 수학을 공부하고 싶다면 이 책이다. 이미지로 간단하게 수학 개념을 영역별로 요약한 백과사전이다. 구구절절 긴 글보다는 표나 그림으로 요약된 것을 선호하는 독자에게 추천한다. 초·중·고등을 위한 책이라고 하지만 실제 내용은 초·중에 알맞다. 고등학교 수학은 양념 정도 수준이다. 뒤에 교과 연계표를 넣은 편집이 영리하다. 정독하거나 문제를 푸는 책은 아니고, 어떤 개념을 새로 배울 때 가끔 찾아보는 용도로 적당하다.

개념찬 수학사전

강미선 · 송정화 · 백희수 지음 | 휴머니스트 | 2016. 12.

중학수학 개념을 가나다순으로 정리했다. 수학 개념의 정의, 역사, 예시, 활용 등 갖가지 정보를 담다 보니 분량이 꽤 많다. 중학교 수학에서 다루는 거의 모든 용어에 대해 그 용어를 만든 수학자부터 어떤 역사를 거쳐 교과서에 수록되었는지를 설명하고 있다. 수행평가 등 과제를 할 때 한 번에 찾아보기 좋다.

나도 문제 좀 잘 풀고 싶다!。

풀고 싶은 수학

사토 마사히코 · 오시마 료 · 히로세 준야 지음, 조미량 옮김
이아소 | 2022. 11.

몇 해 전 여름, 도쿄로 출장 갈 일이 있었다. 여행을 가면 으레 현지 서점에 가는 습관이 있어서 그때도 서점에 들를 계획을 세웠다. 일로 알게 된 통역사에게 "이 근처에 대형 서점이 어디 있나요?"라고 물었더니 신주쿠에 있는 '키노쿠니야'라는 서점에 아이랑 자주 간다고 했다. 와우! 8층짜리 건물 전체가 서점이었다. 게다가 온갖 굿즈에 레스토랑까지 있는 츠타야 서점과는 다른, 옛날식 서점이었다. 요즘에도 이런 서점이 있다는

게 신선했다. 과학과 수학 도서는 8층에 있었는데(2024년에 다시 가보았더니 6층으로 바뀌었다) 이런 설계까지 재미있게 느껴졌다. '높은 곳에 올라야 수학책을 볼 수 있구나!' 수학과 과학 도서가 가득한 서가의 분위기에 푹 빠져 이 책 저 책 꺼내 살펴보다가 매대에 있던 『풀고 싶은 수학』 앞에 멈췄다. 한 장 한 장 넘기면서 속으로 외쳤다.

'이것이 진짜 사고력이다!'

이 책은 문제집이다. 정확히 말하면 '취미로 푸는' 수학 문제집. 놀랍게도 저자 중에 수학과 출신은 한 명도 없다. 취미로 수학 문제를 만들고 회원들끼리 그 문제를 푸는 수학연구회에서 만들었다. 그림책 동호회에서 그림책을 읽고 또 읽고, 읽고 또 읽다가 그림책을 쓰고 싶어져 자신의 책을 내는 것처럼 이 모임 회원들도 그랬다. 처음에는 수학 문제만 풀다가 직접 문제를 만들고 싶어졌다고 한다. '받아들이는 사람'에서 '창조하는 사람'이 된 것이다.

그렇지만 문제 만드는 게 어디 쉬운가? 모임 날짜는 다가오는데 아직 문제를 만들지 못한 저자는 초조한 마음으로 화장실에 갔다. 물끄러미 벽타일을 보다가 번뜩, 문제가 떠올랐다. (동서고금을 막론하고, 창의적인 아이디어는 목욕하거나 화장실에 있을 때 잘 떠오른다.) '모눈에 표시된 2개 각도의 합을 구하시오'라는 문제는 그렇게 탄생했다. 모눈은 바로 화장실 벽, 타일이다. 이 책에는 이렇게 기발한 문제로 채워져 있고, 독자들은 간단해 보이지만 바로 풀리지 않는 수학 문제에 정신없이 빠져든다.

책방지기가 되고 중학교와 고등학교에 가서 학생들 앞에서 종종 특강을 하는데, 특강을 시작할 때 일단 이 책에 있는 문제 (예를 들면, 컵 5개를 2개씩 엎어서 모두 엎어지게 할 수 있을까?)를 내면 학생들이 초집중한다. 재밌으니까. 특강이 끝나고 다가와 책 제목을 알려달라는 학생들도 여럿이다. 책방에 온 손님 중에는 특히 아빠들이 이 책을 좋아한다. 아들과 함께 몇 문제를 풀다가 아예 사 가는 경우가 많다.『풀고 싶은 수학』은 제목처럼 풀고 싶어 안달하게 하는 책이다.

유클리드기하학, 문제해결의 기술

박종하 지음
김영사 | 2023. 07.

수학책에는 수학을 쉽게 풀어서 설명한 책만 있는 건 아니다. 문제를 푸는 방법에 관한 책도 있다. 물론 기계적으로 푸는 방법을 뜻하는 건 아니다. 문제해결의 비법이라고 하면 좀 더 이해가 빠를까? 문제를 푸는 것도 기술인데, 그저 문제만 푼다고 저절로 기술이 생기진 않는다. 수학 문제를 잘 해결하는 방법을 찬찬히 읽는 게 도움이 된다.

특히 "어떻게 하면 도형 문제를 잘 풀 수 있을까?" 궁금하다면, (문제집 속 해설만으로는 이해가 잘 가지 않는 사람에게도 추천한다)『유클리드기하학, 문제해결의 기술』의 도움을 받아보자. 증명은 빠졌지만, 수학의 고전인 유클리드의『기하학 원론』에 있는 도형 문제들과 비슷하다. '유클리드 기하학' '문제해결' '기술' 등이 들어간 제목도 적당하고, 그야말로 '있어' 보인다.

저자는 이 책이 초4 수학 수준의 지식만 있으면 읽을 수 있다고 했는데, 실제로는 중학교 2~3학년 수학 도형 문제로 구성되어 있다. (특히 중학교 2학년 수학에 도형의 성질을 탐색하는 내용이 많다.) 본문을 살펴보면 문제는 기존 문제집과 크게 다르지 않다. 다른 점은 문제집은 '문제' 다음에 '풀이'가 나오는데, 풀이를 빼고 바로 해설이 이어진다. 그래서 문제집이 아니라 읽기 책이 되었다. 문제만 죽 나열되어 있고 해설은 부록으로 따로 있는 문제집 형태가 아니라서 편안한 마음으로 읽을 수 있다. 스스로 문제를 풀고 싶은 독자라면 문제만 읽고 바로 책을 덮은 다음 문제를 풀고 다시 책을 펼치는 식으로 읽으면 좋다.

하루 한 권, 수학 챌린지

마지 슈조 지음, 원지원 옮김
드루 | 2023. 05.

　수학을 즐기자는 마음으로 SNS에 하루에 하나씩 수학 문제를 낸 적이 있다. 흔한 초등학교 수학 문제였다. 온라인상에 "아이가 이 문제를 틀렸어요. 이런 문제는 어떻게 설명해주면 좋을까요? 해답지를 봐도 모르겠네요"라며 올라온 문제들을 내 방식으로 풀어주었다. 주로 문장제 문제들이 많았다. 글로 설명하면 어려우니까 나는 그림으로 설명하는 방식을 택했다. 문제에 과자가 등장하면 실제 과자로 설명했다. 반응이 폭발적이었다. 포스트잇을 사용하기도 했는데, 직장 생활을 하는 학부모들에겐 일부러 사야 하는 색종이보다 사무실 책상에 널려 있는 포스트잇이 훨씬 편하기 때문이다.

　그런 풀이를 모아 책으로 내라는 사람이 많았다. '정말 책으로 엮어볼까?' 하는 생각을 할 때쯤 『하루 한 권, 수학챌린지』를 발견했다. 이 책은 수학을 취미로 하는 성인들을 대상으로 나온 책이다. 실제 우리 책방에 온 30대 직장인은 "와! 학교 다니면서 이런 문제 풀던 때가 생각나는데요?" 하면서 이 책을 가져갔다. 학창 시절의 향수를 떠올릴 만한 고전적인 문제다.

150m 길이의 기차가 터널을 완전히 지나가는 데 50초가 걸린다면 터널의 길이는 얼마입니까?

아이에게 이런 문제를 설명하기 힘들어서 학원에 보낼까 고민한다면 그럴 필요 없다. 이 책을 읽으면 문제해결의 노하우가 생기고 자신감도 생길 텐데 군이 수학 학원에 갈 필요가 있을까? 우리는 이 책을 널리 알리고 싶은 마음에 '이 책에서 모르는 문제 1개를 설명하는 영상을 제공하겠다'라는 이벤트를 준비했다. 책에 나온 설명을 보면 대부분 알 수 있지만 그래도 모르는 게 있다면 우리가 설명해주겠다는 야심 찬 이벤트였다. 우리에게도 기억에 남는 재미있는 행사였다. 문제를 푸는 건 언제나 신나는 일이니까!

고등학교 수학,
재미있게 시작하자。

이상한 수학책

벤 올린 지음, 김성훈 옮김
북라이프 | 2020. 03.

한 고등학교 수학 선생님이 중3, 고2 남매와 함께 책방을 둘러보다 말했다.

"수업하다가 '이런 문제는 시험에 안 나온다'라고 하면 아이들이 갑자기 귀를 쫑긋해요."

시험에 나온다고 해야 귀를 쫑긋할 것 같은데 신기한 일이다.

"맨날 시험에 나오는 것만 풀다 보니까 지겹잖아요. 시험에 안 나온다는 말에 호기심이 발동하는 거죠."

고등학생들은 입시가 코앞이니까 시험에 나오는 내용만 관심이 있을 것 같은데, 실제로는 그렇지 않다. 고등학생들도 재미있는 책을 좋아한다. 선생님들이 겪은 옛날이야기, 살짝 우스꽝스러운 일화들이 오히려 기억에 남는다. 그러니 고등수학은 재미있는 책으로 시작하자.

『이상한 수학책』은 일단 시험에 안 나오는 이상한 수학 이야기가 들어 있고, 읽는 재미도 있다. 미국의 중등 수학 교사 벤 올린이 글도 쓰고 그림도 그렸는데, 원제가 『Math with Bad Drawings』이다. 졸라맨을 닮은 이상한 그림이 이 책의 가장 큰 매력 포인트! 톡톡 튀는 글솜씨와 익살스러운 그림은 첫 쪽부터 독자의 마음을 사로잡는다. (수학책 저자 중에 이렇게 글을 잘 쓰는 사람이 거의 없다는 건 공공연한 비밀!)

수학자들은 수학을 일종의 '언어'라고 보는데, 다음 말이 아주 위트 있다. 수학은 "솔직히 아주 웃긴 언어"라는 것. 엄격한 저자라면 '수학은 세상을 표현하는 언어다'라고 진지하게 썼을 테고, 지루함을 참기 힘든 어린 독자들은 바로 책을 덮었을 텐데 이 책의 저자는 "아주 웃긴 언어"라고 썼다! 정말 웃기다. 수학자들은 학생들도 자신처럼 수학을 언어로 생각하기를 바라지만, 학생들에게 수학은 여전히 의미 없는 단순한 행위의 반복일 뿐이라는 걸 이 책의 저자는 잘 알고 있다.

'뛰어난 수학자'와 '위대한 수학자'를 비교하며 수학에 대한 일반인들의 통념을 깨부수기도 한다. 시간제한 때문에 시험에서 70점을 받은 제자 코리가 저자에게 "왜 시험에서 시간제한이 있는 거죠?"라고 따져 물었을 때, 저자는 속도가 제일 중요하다고 말하지 않았다. 대신 "깊은 통찰과 진정한 이해"가 더 중요하다고 말한다. 깊게 생각하는 것에는 인내심이 필요하고, 결국에는 단순한 풀이가 가능해진다.

이 책 속에 수학의 역사나 개념 설명이 자세하게 나와 있는 것은 아니다. 그저 수학이 무엇인지에 대해 다양한 예시를 들어 설득한다. 수학이 인기가 없는 이유는 '수학을 가르치는 방식 자체가 글러 먹었기 때문'이라고 생각한 저자는, 더 나은 설명을 위해 이 책을 썼다. 고등학교 수학이라는 말만 들어도 숨이 막히는 청소년들에게 수학을 '만만하고 웃기게' 소개한 저자의 도전은 누가 봐도 대성공이다. 학생 혼자 읽어도 충분한 책이다. 아마도 배시시 웃으며 읽지 않을까?

매쓰 비 위드 유

염지현 지음
북트리거 | 2023. 11.

『매쓰 비 위드 유』는 넷플릭스, 메타버스, 기후 위기, 자율 주행까지 요즘 청소년들이 관심을 가지고 궁금해할 만한 소재를 사용해서 수학이 얼마나 우리 가까이에 있는지 실감 나게 설명한다. 예를 들어, '넷플릭스나 유튜브 추천 알고리즘은 대체 어떻게 이루어지고 있을까? 어떻게 내 취향을 알아내서 내 눈앞에 줄줄이 추천하는 거지?' 하는 궁금증을 가진 청소년(혹은 성인)들에게 알고리즘의 종류를 설명하면서 그 안에 수학이 들어 있다는 것도 함께 설명한다.

수식과 그래프는 아주 조금 나온다. 요즘 추세다. 청소년 독자에게 수학책을 읽게 하려면, 아니 청소년 독자들이 수학책을 펼치게 하려면 수식이 안 보여야 한다! 이 책은 어떤 독자를 겨냥한 걸까? 그렇다. 수학을 좀 덜 좋아하는 청소년이 대상이다.

피타고라스 정리가 나오기는 하는데, 역사를 설명하기보다는 쓰임새에 초점을 맞췄다. 과연 실용적이다. 이보다 더 깊이 알고 싶은 청소년들은 다른 책을 보면 된다.

우리 책방에 오는 중·고등학교 수학 교사 중에 독서 과제로 내줄 수학책을 고르러 오는 분이 많다. 청소년이 읽기에 부담 없고 갖고 다니기에도 적당한 책, 수학의 쓸모에 대해 청소년의 눈높이에 맞게 적절히 잘 설명한 책을 찾는다면 이 책을 보시라.

누군가 "수학을 왜 배우고 가르치냐?"라고 묻는다면 "깨닫는 순간에 느끼는 아름다움이 있기 때문이다"라고 답하는 사람들이 있다. 주로 수학 전공자나 교사, 저자 집단이다. 수학의 즐거움과 아름다움을 공유하고 싶어 강단에 서고 책을 쓴다. 그 책의 독자들도 저자와 똑같은 생각을 하면 얼마나 좋을까? 보통은 저자 홀로 수학의 아름다움에 푹 빠져서 '얼마나 아름답게요?'를 부르짖고, 독자들은 한 발짝 거리에서 '흠, 글쎄?' 한다. 수학에 대한 과한 찬양에 오히려 반감이 생기는 부작용도 속출한다. 그런 의미에서 이 책을 추천한다.

수학도 쓸모가 있다고?
있다고!。

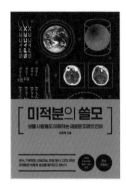

미적분의 쓸모

한화택 지음
더퀘스트 | 2022. 05.

수학과에 다니는 한 청년이 책방에 왔다. 성인용 서가에 있는 책을 몇 권 들여다보면서 감회가 새롭다는 표정을 지었다. 그러고는 소파에 앉자마자 다짜고짜 말했다.

"지금 시대가 격변하고 있는 상태잖아요. 인공지능이 나오는 이런 시대에서 사회 시스템 전체를 아우르는 그런 눈(안목)을 가지려면 수학적 지식이 필요하거든요. 수학적 독해력이 필요한 시점이란 말이에요."

"예를 들면?"

"배달의 민족이나 당근 마켓 등의 추천 알고리즘이 어떻게 이루어졌는지 읽을 수 있는 능력을 갖춘 사람들이 시대를 더 잘 해석하고 받아들일 거 아니에요? 이런 기술의 동향을 잘 이해할 수 있는 사람들이 창조적인 역할을 하고 있어요. 우리나라는 성인이 된 이후에는 웬만해서 수학에 별로 관심이 없는데, 수학이 '가진 자'들의 학문이 아니라 모든 사람에게 개방된 학문이 되어야 한다고 생각해요."

"'가진 자'라는 것은 수학적 지식을 소유하고 있는 사람을 말하는 거죠? 수학적 지식을 가진 사람들이 첨단 기술을 더 잘 활용하고 더 누리고 있다는 건가요?"

"네, 제가 지금 과외하는 학생에게 이렇게 말한 적이 있어요. 수학은 '가진 자'들의 학문이다. 그러니까 수학을 잘 배워서 앞서 나가라."

"네? 조금 전에는 수학이 가진 자들의 학문이 되어서는 안 된다고 했잖아요. 생각은 그렇게 하면서 과외 학생에게는 '가진 자'가 되라고 했다는 거죠?"

"하하, 그러니까 '내로남불'인 거죠. 공리주의적으로는 많은 사람에게 수학이 열려야 하는데, 현실은 전혀 그러지 못하니까. 내 주변의 사람들한테는 수학을 배우라고 적극적으로 권유하는 거죠."

이 청년의 말은 그야말로 수학계의 영업비밀 같은 것이다. 수학 교사가 학생들에게 "수학이 너희 삶의 무기가 될 수 있다"라고 말한다. 실제로 그러니까. 하지만 이미 수학을 싫어하는 아이들, 그리고 자신은 수학과 무관하게 살았지만 아무 문제 없이 잘 산다고 자부하는 어른들을 설득하기에는 역부족이다. 실감이 나지 않기 때문이다. (과거에도 그랬지만) 요즘 세상은 수학 지식을 가진 자들에 의해 좌지우지되는 상황이라는 걸 아는 사람은 안다. 우리 삶에 수학이 미치는 영향을 설명하는 책들이 있으니까. 그중 책방 손님들의 관심을 끄는 책은 『미적분의 쓸모』다. 미적분을 어디에 쓸지 궁금한 사람에게 확 와닿는 제목이다.

이 책은 2006년 10월 어느 날 안개가 잔뜩 낀 서해대교에서 일어난 29중 추돌 사고로부터 이야기를 시작한다. 그리고는 과속에서 미적분 개념을 발견한 수학자 중 한 명인 뉴턴의 일화로 넘어간다. 물리학을 설명하고 다시 수학으로 돌아와서 카메라가 속도를 측정하는 원리에 미분 개념이 들어 있음을 이야기한다. 이어서 곡선 디자인, 최적화와 빅데이터, 적분으로 넘어간다. CT가 어떻게 내 몸속을 들여다보는지 궁금했던 독자라면 CT 촬영과 적분 이야기에, 주식 그래프를 시시때때로 보는 독자라면 주식 그래프에 들어 있는 미적분 이야기에 빠져들게된다.

이 외에도 과학과 수학은 물론 예술과 수학, 경제와 수학을 연결한 책이 많다. 한결같이 수학과 일상을 강조한다. 오죽하면 화장실 속에도 수학이 있을까! 이 책들을 읽은 이들의 리뷰도 널려 있다. 그런데 아직도 이런 질문을 하는 사람이 많다.

"수학은 왜 배울까요? 제가 살아오는 동안 수학을 써먹을 데는 마트 갔을 때밖에 없었고, 요즘은 바코드로 다 하니까 그마저도 필요가 없어요. 그런데 왜 수학을 배워야 합니까?"

안타깝게도 사람들 생각은 잘 바뀌지 않는다.

단언컨대 '수학은 살아가는 데 아무 쓸모가 없다'라는 말은 사실과 다르다. 정말 쓸모가 없는지, 구체적으로 예를 한번 들어보시라. 지금 당장, 이 책 중의 한 권이라도 읽기 바란다. 수학이 '가진 자'들의 전유물이 되고, 그들이 만든 세상에서 조종당하고 이용당하고 싶지 않다면!

나는 수학으로 세상을 읽는다

롭 이스터웨이 지음, 고유경 옮김 | 반니 | 2020. 02.

'이 세상에 있는 고양이는 모두 몇 마리일까?'처럼 어림해서 추정하는 수학적 사고법을 주로 소개한다. 『이상한 수학책』에 비해 톡톡 튀는 글은 아니지만, 학생들이 관심 있어 할 만한 세상사를 다룬다. '수학적으로 사고하는 법'이 무엇인지에 대해 차분하게 설명하고 있어서 진지한 학생들이 좋아할 책이다.

x의 즐거움

스티븐 스트로가츠 지음, 이충호 옮김 | 웅진지식하우스 | 2014. 07.

"응용수학적인 유연한 사고가 순수수학에서도 아주 중요하다"라는 김민형 교수의 추천사로 시작하는 책. 수와 연산, 도형과 측정, 변화와 관계, 확률과 통계로 나뉘는 학교 수학 영역 순서대로 전개되어 고등학생들도 쉽게 읽을 수 있다. 게다가 수학자가 썼다고는 믿기지 않을 만큼 수려한 글솜씨로 수학 개념과 역사를 넘나들며 일상과 수학을 연결한다. 자연상수 e나 조건부확률에 대한 쉬운 책을 찾는다면 단연코 이 책을 추천한다.

수학에 푹 빠져보고 싶다면 。

π

마키노 타카시 지음
암흑통신단 | 1996. 03.

우리 책방의 상징적인 수학책은 『π』이다. 원주율 100만 자리까지의 숫자를 인쇄한 것이라서 100쪽 전체가 숫자밖에 없는, 한마디로 책 형태의 굿즈다.

"헐, 이 책에 있는 숫자들이 그냥 하나의 수라는 거예요?"

눈을 크게 뜨고 묻는 아이에게 "흠, 아직도 다 쓴 건 아니란다"라고 말해주면 손으로 자신의 놀란 입을 가린다.

『π』는 수학 좋아하는 아이의 생일 선물용으로도 인기가 좋다. 독자들은『π』를 어떻게 활용할까? 전면 책장에 그냥 비스듬히 세워만 두는 독자가 있다. 파이가 크게 인쇄된 표지는 바라만 보아도 멋지니까. 공부가 잘 안 될 때 책을 머리에 모자처럼 얹기도 한다.

파이를 소수로 나타내면 같은 수가 반복되지 않는다. 불규칙하게 끝이 없어서 '무리수'라고 한다.『π』를 보며 무한을 실감하는 것은 무한개념을 형성하는 데 도움이 되고, 무한을 탐색하는 동기가 될 수 있다. 어떤 고3 학생은 입시 공부에 지치면『π』를 읽는다고 한다. 그러면 스트레스가 풀린다고. 이처럼『π』는 주로 동기부여용으로 쓰인다.

파이값을 외우는 데 이 책을 활용하는 학생들도 있다. '2023 신촌 글로벌 대학 문화 축제'에 지역 상인으로 참가했을 때였다. 파이값을 40자리까지 외우면『π』를 선물로 주는 이벤트를 열었다. 40자리는 조금 무리일까 내심 걱정했는데, 그날 오후에 어느 학생이 우리 앞에서 파이값을 줄줄 외우고 당당히『π』를 손에 쥐었다. 그 영상은 '신촌에서 파이값을 외우는 대학생'이라는 제목으로 널리 퍼졌다.

좋은 대학에 가려고, 돈 많이 벌려고 수학을 공부하는 사람들도 있다. 하지만 수학을 그저 좋아서 하는 사람도 있다.

로지코믹스

아포스톨로스 독시아디스 · 크리스토스 H. 파파디미트리우 지음, 알레코스 파파다토스 · 애니 디 도나 그림, 전대호 옮김
랜덤하우스코리아 | 2011. 02.

어느 날 덥수룩한 머리의 청년이 불쑥 책방에 들어왔다. 대학생이라는 그 청년은 바로 옆 건물 카페에서 공부하다가 수학책방이라는 간판을 보고 들어왔다고 한다.

서가에서 『로지코믹스』를 발견하고는 "아, 이 책 때문이었어!"라며 한탄했다. 뭔가 사연이 있어 보였다. 사진을 찍어도 좋겠냐고 물었더니 이왕이면 '러셀' 초상화 아래에서 찍고 싶다며 그 아래 소파에 앉았다.

"저는 물리학도를 꿈꾸며 과학고등학교에 다녔어요. 고등학교 입시를 준비하며 수학 공부를 너무 했더니 막상 과학고등학교에 들어가자마자 번아웃이 왔어요. 그러던 중에 러셀 책을 읽고 수리철학에 빠져서 진로를 다시 정했어요. 과학고는 중퇴하고, 검정고시로 대학에 들어갔어요. 지금은 철학과에 다녀요."

수학에 빠졌다가 철학에 빠졌다는 이 청년이 고등학생 때 읽었다는 러셀 책이 바로 『로지코믹스』다. 영국의 수학자이자 철학자인 러셀의 일대기를 그린 그래픽노블로 18세기부터 20세기까지 수학자, 과학자, 철학자가 대거 등장한다. 시대적 배경을 전혀 모르면 읽을 수가 없다. 수학 내용을 설명하거나 수학의 쓸모를 설득하는 책이 아니다. 수학이란 무엇인가? 논리란 무엇인가? 수학자는 어떤 사람들인가? 진리는 존재하는가? 이런 고민으로 독자를 초대한다. 수학에 빠져들고 싶은 사람이 선택하는 책이기도 하고, 이미 수학에 깊이 빠져든 사람이 읽는 책이기도 하다.

몇 달 후, 이 청년이 다시 책방에 왔다. 이번에는 머리를 말끔하게 자르고 면접이라도 보러 갈 것 같은 정장 차림이었다. 오늘도 옆 카페에 오는 길에 들렀다고 한다. 청년이 다짜고짜 물었다.

"수학이 언어라는 말에 대해 어떻게 생각하세요?"

이 청년은 철학을 하면서도 여전히 수학에서 빠져나오지 못하고 있었다! 이게 다 『로지코믹스』 때문이다.

수학 귀신

한스 마그누스 엔첸스베르거 지음, 로트라우트 수잔네 베르너 그림, 고영아 옮김
비룡소 | 2019. 08.

청소년 수학 소설의 명불허전은 누가 뭐래도 『수학 귀신』이다. 수학을 쉽게 전달하려고 갖은 애를 쓰기보다 우직하게 개념 설명을 차근차근 하는 책이다. 유클리드가 『원론』을 쓴 이래로 그것을 뛰어넘은 수학책이 아직 없듯이, 『수학 귀신』을 뛰어넘는 청소년 수학 소설이 아직 없다는 데 이의를 제기할 사람은 없으리라.

책 내용은 이렇다. 꿈꾸는 걸 싫어하는 '로베르토'에게 어느 날부터 수학 귀신이 찾아온다. 수학 귀신과 만나는 열두 밤 동안 '수학의 세계'에서 중요하게 다루는 모든 이슈가 등장한다. 아이들은 무한에 관심이 많다. 수학 귀신이 온 첫날, 무한에 관한 이야기부터 시작한 것은 영리한 출발이다. 자연스럽게 무한소로 갔다가 0으로, 소수(少數)와 무리수로 넘어가더니 나중에는 오일러 법칙과 허수, 그리고 클라인 병까지 다룬다. 게다가 '배수를 판정하는 방법은 있지만 소수를 판정하는 방법은 없다'는 이 시대의 난제까지 등장한다.

이 책을 추천하는 이유는 '수학자가 생각하는 법'을 알 수 있기 때문이다. 흔히 말하는 수학적 사고력에는 3가지가 있다. 여러 가지 예를 관통하며 일정한 규칙을 발견하는 귀납적 사고, 다른 것과의 유사성을 발견하여 새로운 것에 적용하는 유추적 사고, 귀납이나 유추를 통해 발견한 것을 논리적으로 증명하는 연역적 사고가 있다. 이 책에서는 귀납적 사고와 연역적 사고의 다양한 예가 등장하는데, 이를 통해 수학자들이 어떻게 수학적인 발견을 하고 증명을 하는지를 알 수 있다. 물론 이런 사고 과정에는 몰입하는 자세가 필요하다. 첫 장면만 보고 '초등학생용 동화겠지' 하고 가볍게 시작했다가는 끝까지 읽기가 어렵다. 점점 수학의 높은 곳까지 가니까.

우리 책방에 와서 온종일 『구일집』을 읽거나 『기하학 원론』을 펼쳐놓고 계산하고 표를 옮겨 적을 만큼 수학을 좋아하게 된 아이도 『수학 귀신』을 읽고 수학에 빠지게 됐다고 한다. 어느 날 꿈속에 '수학 귀신'이 나를 찾아오고, 로베르토에서 생긴 일이 우리에게도 일어난다면 정말 환상적일 것이다. 수학을 좋아하는 사람들에겐 '수학 귀신'처럼 어느 날 나를 찾아온 책이 있다.

함께 읽으면 좋은 책

수학독본

마츠자카 가즈오 지음, 김태성 옮김 | 한길사 | 2004. 02

필즈상을 받고 싶은 어린이부터 수학 전공자들, 나이가 지긋한 어르신까지 연령을 불문하고, 수학을 좋아하는 사람들이 찾는 책이다. 수학의 전 영역에 대해 차근차근 쉽고 깔끔하게 설명한다.

수학을 전공으로 삼고 싶은
고등학생들에게 。

0의 발견

요시다 요이치 지음, 정구영 옮김
사이언스북스 | 2002. 06.

　수학을 전공하는 학생들은 학교에 다닐 때 선생님에게 "수학에 소질이 있다"라는 말을 들은 경우가 많다. 자녀가 수학에 소질이 있다는 말을 들으면 부모들은 매우 기쁘다. 하지만 수학자보다는 의사가 되기를 바라는 부모의 마음은 동서고금을 막론하고 여전한 것 같다. 수학을 전공하면 부와 명예에서 멀어진다고 생각하기 때문일까. (참고로 필즈상 상금은 1500만 원이다.)

　세계적인 수학자의 부모들도 크게 다르지 않았다. 갈릴레오의 아버지는 아들이 의사가 되기를 바랐고, 칸토어의 아버지는 아들이 공학 기술자가 되기를 원했다. 스위스의 수학자 가문 베르누이 일가에선 사업가나 다른 직업을 바라는 부모의 기대와 달리 수학자가 11명이나 배출됐다. 가정 형편 때문에 대학에 가지 못할 뻔했던 가우스는 귀족의 후원으로 대학에 입학해 수학을 공부했다. 귀족의 후원이 없었다면 우리는 수학의 왕 가우스를 만나지 못했을지도 모른다.

공학이나 의학도 이과지만, 수학을 응용하거나 활용한다는 측면에서 수학 전공과는 다르다. 요즘 대학에서 수학과가 사라지고 응용수학과, 수리통계학과, 전산수학과 등 수학과 다른 전공을 융합한 전공으로 바뀌고 있다. 수학은 수학 자체를 연구하는 순수학문이다.

그래도 무조건 수학이 좋아서, 교수나 학자의 길을 걷고 싶어서 수학과에 오려는 학생들도 있다. 그런데 막상 수학과에 들어가서 '이런 곳이었나?' 하며 방황하는 경우가 많다. 고등학교에서 배우는 수학과 대학에서 배우는 수학은 전혀 다른 과목이기 때문이다. 고등학교에서 배우는 수학은 뿌리가 잘린 나무토막 같아서 정체를 알 수가 없고 왜 배우는지도 모르는 경우가 많다. 수학의 뿌리를 계속 탐색하고, 나무 전체 모양을 알고 싶은 학생들이라면 수학을 전공해도 좋다. 예를들어 '빨간 사과 1개와 파란 사과 1개를 더하면 사과 2개가 된다'는 1+1=2의 한 가지 예일 뿐이다. 이에 만족하지 못하는 학생은 수학과에 진학해서 '1+1=2'에 대한 수학적인 증명을 배운다. 이것이 진짜 수학이다.

독일 수학자 바일은 "수학은 무한에 대한 학문이다"라고 했다. 자연수가 끝없이 나열되는 것도 무한이지만 $0.999\cdots$도 무한이다. 언젠가 모 중학교 도서관에 저자 특강을 가서 학생들에게 아무거나 질문을 하라고 했더니, 첫 번째 나온 질문이 "왜 $0.999\cdots$가 1이에요?"였다. 수업 시간에 분명히 배우긴 배웠는데, 납득이 되지 않는다는 것이다. 수학 시험에 나오면 정답은 말할 수 있지만, 마음속으로는 그 답을 믿지 않는다. 우리 책방에 오는 어른들도 그 학생과 같은 질문을 하곤 한다. 고등학교 때 극한을 배우면 $0.999\cdots$가 왜 1인지 알게 된다. (극한을 배우고 나서도 여전히 모르는 사람들이 많은 게 현실이지만) 함수의 극한을 배우고 나서 극한 개념을 바탕으로 미적분으로 넘어가니 미적분도 결국 무한과 관련이 있다. 무한은 수학에서 탐구하는 가장 중요한 개념이다. 무한이나 연속성에 대해 궁금한 학생들이 고등학교 때 읽으면 좋을 책으로 『0의 발견』을 추천한다.

제1장에서 연산의 역사를, 제2장 '직선을 끊는다'에서는 실수의 연속성을 다룬다. 연속성은 무리수와 관련 있다. 고대 수학자들은 "무리수는 수가 아니다"라고 결론을 지었다. 도형을 다루는 기하에서는 (수가 아닌) '연속된 어떤 양'으로서 무리수를 다루었다. 무리수를 포함한 실수의 연속성은 미적분 개념과도 관련이 있으므로 결국 무리수를 수로 인정해야 했다. 이런 내

용을 학교 수학에서는 가르치지 않고 '실수는 연속성이 있다'라고만 짚고 넘어간다. 실수의 연속성에 대해 궁금한 학생들은 이 책을 보기 바란다. 물론 어른이 읽어도 좋다.

소수의 음악

마르쿠스 듀 소토이 지음, 고중숙 옮김
승산 | 2007. 03.

"미적분은 실생활에 쓰인다고 하니 그런가 보다 하는데, 소수는 왜 배우는 거예요?"

소수야말로 불필요한 개념이라고 생각하는 아이들이 이렇게 묻곤 한다. 2의 배수, 3의 배수, 5의 배수를 판정하는 법은 중1 때 배운다. 고대 그리스 수학자 에라토스테네스는 체로 걸러서 남은 수를 골라내는 방법으로 소수를 찾아내는 '에라토스테네스의 체'라는 방법을 고안했다. 매우 탁월하고 기발한 방법이긴 하지만 이런 식으로는 '2703'이나 '24567800123671'이 소수인지 아닌지 척 보고 알기 어렵다. 그렇다. 아직도 우리는 어떤 수가 소수인지를 알아내는 방법을 찾지 못하고 있다!

『소수의 음악』은 '소수 판정법'을 찾아가는 이야기다. 이 책을 쓴 마커스 드 사토이에게는 12살 때 이런 일이 있었다. 수학 수업 중 선생님이 "수업 끝나고 이따가 좀 보자"라고 한 것. 이럴 땐 둘 중 하나다. 크게 혼이 나거나 크게 칭찬받거나. 덜컥 겁이 난 마음에 잔뜩 긴장한 사토이에게 선생님은 어떤 말씀을 하셨을까?

"내 생각에 너는 진짜 수학이라는 게 무엇인지 알아보는 편이 좋겠다."

두근. 학교에서 가르치는 수학 말고 진짜 수학을 알아보라고? 이게 무슨 뜻일까? 선생님은 그에게 수학책을 몇 권 추천해 주셨다. 그렇게 진짜 수학과 만나게 된 사토이는 영국 옥스퍼드 수학과 교수이자 왕립학회 연구원이며 대중교육자가 되었다.

사토이처럼 수의 매력에 빠진 아이들, 특히 소수(素數)에 빠진 극소수(極少數)의 아이들이 있다. 소수에는 어떤 매력이 있을까? 일단 소수는 다른 수로부터 만들어지지 않아서 '대체 불가'다. 다른 수를 만들어내는 원자와 같은 소수는 모든 자연수의 근원으로 여겨지기도 한다. 본질에 관심 있는 학생들이 소수에 빠져든다.

왜 그런 것에 매력을 느끼는지는 알 수 없다. 난해한 추상화를 보고 "저게 뭐야?" 하고 아무런 감흥을 못 느끼는 사람에게 현대 미술의 매력을 설명하기는 어렵고, 이상한 단어를 이리저리 조합한 시를 읽으며 "대체 무슨 말이지?" 하는 사람에게 시의 아름다움을 설명하기는 어렵다. 소수도 마찬가지다. 무한을 계속 탐색하고 싶고, 소수의 매력에서 헤어나기 힘든 학생들이 수학과에 간다.

무한의 끝에 무엇이 있을까?

아다치 노리오 지음, 이인호 옮김 | 프리렉 | 2018. 01

이 책에는 고등학교 교과서에 나오지 않는, 그 뒤의 이야기가 담겨 있다. 허수의 탄생, 비유클리드 기하의 탄생, 괴델의 불완전정리, 1+1은 왜 2인가 등 현대 수학의 내용이 나오기 때문에 교과서로 채울 수 없는 지적 갈증을 채울 수 있다.

무리수

줄리언 해빌 지음,권혜승 옮김 | 승산 | 2014. 11

무리수의 역사를 본격적으로 다룬 책이다. 증명도 들어 있으며 연분수와 같은 수학적 내용이 많다. 무리수는 응용수학이나 과학에서는 별로 관심 없어 하는 주제다. 따라서 이 책을 읽은 고등학생이라면 분명 수학 덕후다.

수학자가 궁금할 때 。

어느 수학자의 변명

고드프리 해럴드 하디 지음, 정회성 옮김
세시 | 2016. 11.

수학자의 변명

고드프리 해럴드 하디 지음, 권혁 옮김
돋을새김 | 2023. 07.

※ 이 책은 여러 출판사에서 출간되었다.

　　우리 책방에는 아이 손을 붙잡고 들어오는 30~40대 여성 독자가 많다. 아이가 수학을 좋아하고 잘했으면 하는 바람이 있다고들 한다. 수학자를 꿈꾸는 아이도 있다. 2022년 허준이 교수의 필즈상 수상 이후 '수학자'라는 직업에 대해 전보다는 긍정적으로 생각하는 부모와 아이들이 많아졌다. 우리 책방만 보아도 수학의 난제(아직도 풀리지 않은 문제)에 대해 관심을 갖는 초등학생들이 있다. 그런데 영화나 소설 속 수학자는 살짝 '정상'

이 아니다. 영화 〈뷰티풀 마인드〉나 〈박사가 사랑한 수식〉만 봐도 그렇다. 진짜 수학자도 그럴까? 수학자는 어떤 사람들일까? 중얼중얼 혼잣말을 하거나 사회성이 좀 부족한 그런 사람들일까?

수학자가 될 아이들은 정해져 있을까? 아마 수학을 잘하는 아이가 수학자가 되겠지? 이런 일반적인 예상과 다르게 자기가 계산을 잘 못하는 편이라고 생각하는 수학자도 많다. 그다지 꼼꼼한 편도 아니라고 한다. 허준이 교수도 그렇게 말했다. 가우스나 파스칼처럼 계산력이 뛰어난 사람만 수학자가 되는 게 아니다.

그래도 수학자는 왠지 매사 완벽하고, 정확하고, 괴팍하고, 신경질적인 사람일 것이라는 편견이 여전하다. 수학자에 대한 이러한 편견이 없어진다면, 수학에 대한 편견도 없어지지 않을까? 수학을 흠모하고 수학을 아름다운 예술로 생각하며 열정을 다하지만, 어딘가 허술하고 실수도 많은 보통 사람. 그런 사람들이 수학자라고 생각한다면 수학에 대한 거리감도 줄어들 것이다. 수학자들에 대해 어느 정도 알고 나면, 아이가 다소 느리고 실수가 잦다고 해서 "너는 수학을 잘하기엔 애초에 틀렸다"라고 가슴에 못 박는 말을 하는 사람들도 사라질 것이다.

수학자가 궁금하다면? 『어느 수학자의 변명』을 읽어보자. 저자 하디는 자신이 나이가 들어 더는 반짝반짝한 아이디어로 수학을 하지 못한다는 것을 한탄했다.

"수학을 하지 않고 수학에 '대해' 평을 하는 글을 쓰는 것은 이류들이나 하는 일이다."

아, 수학자도 늙는구나. 수학자는 나이가 들어도 여전히 머리가 반짝반짝하고 누구에게나 당당하고 꼿꼿할 것 같은데, 이렇게 세계적인 수학자도 자신의 나이 듦에 대해 한탄한다. 그는 수학자라는 직업을 선택한 이유에 대해 이렇게 고백한다.

"다른 아이들을 이기고 싶었고, 수학이 그들을 이기는 가장 확실한 방법이었다."

평범하다 못해 세속적이기까지 한 그는 평생 수학자로 살아오면서 어느 정도 부와 명예를 누렸음에 만족해하는 모습도 보인다. 그렇다. 순수수학자도 평범한 인간이다. 스스로를 꾸미지 않는 이런 모습이야말로 진정 수학이 추구하는 모습이 아닐까. 사실 수학자라는 직업을 대하는 그의 마음가짐은 지극히 평범했다. 그러다 지도교수와 수학책의 영향으로 점차 수학의 진정한 의미를 깨달았다. 처음부터 '거룩한 의도'를 가지고 수학자가 된 것은 아니었지만 수학의 세계에 발을 디디면서 자기 자신을 극복하고 앞으로 나아갔다. 평범한 이들의 삶이 그런 것처럼 수학자도 마찬가지다.

이만큼 솔직하게 쓴 자서전이 드물기에 많은 저자가 하디의 말을 빌려 자신의 이야기를 한다. 이 책을 먼저 읽어두면 수학 교양서를 읽을 때 내가 이미 읽은 책을 만나는 기쁨을 맛볼 수 있다.

수학은 과학의 시다

세드리크 빌라니 지음, 권지현 옮김
궁리 | 2021. 05.

필즈상을 받은 수학자가 궁금하다면 프랑스 수학자 세드리크 빌라니의 『수학은 과학의 시다』를 읽어보자. 그는 '수학과 시의 공통점 7가지'를 제시했다.

첫째, 창의성 발현의 선제 조건인 제약이 많다.

둘째, 수학 개념은 시적인 영감을 준다.

셋째, 서로 다른 요소들을 관계 맺게 한다.

넷째, 머릿속에서 세상을 재창조한다.

다섯째, 상징이 지극히 중요한 역할을 한다.

여섯째, 영감이 필요하다. 영감을 통해 창조한다.

일곱째, 불완전함을 거쳐 진리를 얻는다.

수학에서 시적인 영감을 얻는다니! 수학자가 아닌 사람들은 수학을 딱딱하고 기계적이며 기괴하기까지 한 학문이라고 생각할지 몰라도, 수학자들이 느끼는 수학은 아름답고 순수하다. 수학자들에게 수학은 예술이다. 마치 시와 같다. 그렇다면 수학자는 광기 어린 연구자보다 시인에 가깝지 않을까.

특히 이 책에는 앙리 푸앵카레의 『수학의 발명』에 대한 글이 부록으로 실려 있는데, '수학자의 창의성이 어떻게 생겨날까?' 궁금한 분들은 바로 이 부록만 보아도 된다. 앙리 푸앵카레에 따르면, 어떤 영감은 무의식적 자아 속에서 벽에 딱 달라붙어 있는 원자와 같다. 의식적 자아가 그것을 떼어내면 영감의 원자들은 자유롭게 춤을 추고 충돌하며 조합된다. 그러다가 이리저리 달라붙어 수학자가 머리를 싸매고 찾던 새로운 답을 갑자기 보여준다. 바로 그 순간 수학자는 번뜩이는 영감을 얻는다. 수학자들은 자신을 '창조자'라고 생각한다. 실제 수학적으로 그런 일을 한다.

> "상실을 경험한, 상실을 경험할
> 우리 모두에게 추천합니다."
> 최준이 교수(2022년 <조선 수선>)

수학의 위로

마이클 프레임 지음, 이한음 옮김
디플롯 | 2022. 11

우리는 수학으로 위로를 받을 수도 있다. 『수학의 위로』에서
저자 마이클 프레임은 사랑하는 어머니를 잃은 것과 피타고라
스 정리를 처음 깨달았을 때 느꼈던 감정이 서로 같다고 표현
한다. 바로 '돌이킬 수 없다'라는 점에서. 수학자는 상실과 비탄
의 감정을 기하학에서 시어핀스키 삼각형과 같은 프랙털 이론
을 음미하며 다스린다.

수학자가 쓴 에세이를 읽으면 수학자에 대해 구체적으로 알
게 된다. 수학자가 하는 일도 이해하게 되고, 수학적으로 생각
하는 것이 무엇인지도 어느 정도 알 수 있다. 수학자의 마음을
이해하게 된다면, 세상을 보는 눈 자체가 달라진다. 수학을 하
나의 대상으로 바라보는 게 아니라, 수학의 마음으로 세상을
보게 된다.

세상이 돌아가는 데 있어 수학이 차지하는 비중이 얼마나 큰지 실감하게 되면 수학에 고맙게 여기는 마음과 더불어 친근함, 든든함을 느낀다. 더 나아가 수학 연구를 직업으로 삼은 수학자들처럼 수학을 하나의 예술로 느끼고 음미하게 된다. 그뿐만 아니라 기쁨과 슬픔을 이겨내는 데 수학의 도움을 받을 수도 있다. 수학의 눈과 수학의 마음으로 세상을 보게 되니까. 수학을 배우는 모든 사람이 그렇게 될 수 있다면 얼마나 좋을까.

수학자들

김민형 등 지음, 장 프랑수아 다르스 · 안느 파피요 · 아닉 렌 엮음, 권지현 옮김 | 궁리 | 2014. 08

54명의 세계적인 수학자가 쓴 에세이를 모은 책으로, 수학자의 일상이 궁금한 사람들에게 추천한다. 연구 분야도, 국적도 다양하다. 문체에서 느껴지는 품성이나 성격도 그들의 외모만큼이나 다채롭다. 멀게만 느껴졌던 '수학자'도 우리 주변에서 만날 수 있는 평범한 사람임을 알게 된다.

그가 미친 단 하나의 문제, 골드바흐의 추측

아포스톨로스 독시아디스 지음, 정회성 옮김 | 풀빛 | 2017. 01

『로지코믹스』를 쓴 저자의 또 다른 책. 화자의 삼촌인 주인공 '페트로스'는 수학자다. 그가 평생에 걸쳐 연구한 주제는 '골드바흐의 추측'. '2보다 큰 모든 짝수는 두 소수의 합으로 나타낼 수 있다'라는 오래전부터 알려진 정수론이다. 아직 완전히 해결되지 않은 문제이지만 피타고라스 정리만큼 단순해서 이 소설의 수학자처럼 도전한 사람들이 많다. 한번 빠져들면 헤어나지 못하는 수학의 매력을 이 책을 통해 느낄 수 있다.

※『사람들이 미쳤다고 말한 외로운 수학 천재 이야기』의 개정판.

깊고 넓게 교양을 쌓고 싶다면 。

한국 근대 수학의 개척자들

이상구 지음
사람의무늬 | 2013. 05.

청소년을 위한 한국 수학사

김용운 · 이소라 지음
살림Math | 2009. 05.

청소년을 위한
위대한 수학자들 이야기

야노 겐타로 지음, 손영수 옮김
전파과학사 | 2021. 06.

세계사가 재미있어지는
20가지 수학 이야기

차이톈신 지음, 박소정 옮김
사람과나무사이 | 2021. 02.

어느 날 우리 책방에 〈수학 문제 푸는 모임〉을 하는 분들이 왔다. 그중 한 청년이 책방 구석구석을 한참 둘러보더니 이렇게 입을 뗐다.

"뭔가 비현실적인, 상상의 세계에 들어온 것 같아서 저도 모르게 눈물이 났어요."

왜 눈물이 났을까. 그는 '수학이 나라를 부강하게 한다'라는 신념을 가지고 있었다. 아이들이 수학을 잘해야 다시는 나라를 빼앗기지 않는다며 다소 격한 표정을 지었다.

부강한 나라를 만들기 위해 수학교육이 중요하다고 생각하는 청년이라면 수학 교과서가 어떻게 처음 만들어졌는지 궁금하지 않을까?

그에게 이상설 선생님을 아는지 물었다.

"알죠, 독립운동가이셔요. 이준, 이위종 선생님과 함께 헤이그 만국평화회의에 특사로 가셨던 분입니다."

이상설 선생님이 수학자였다는 걸 아느냐 묻자 깜짝 놀랐다.

"아니요. 전혀 몰랐습니다!"

그에게 『한국 근대 수학의 개척자들』을 추천했다. 이 책에는 이상설 선생님뿐 아니라 근대화 시기 일제의 식민지 교육제도와 우리나라 고등교육 발전 과정, 그리고 세계적인 수학자인 이임학 선생님 이야기까지 두루 담겨 있어 우리나라 사람들의 수학적 잠재력도 알 수 있다. 책을 이리저리 뒤적여보더니, "이 책을 읽기에는 아직 수학의 역사에 대한 제 지식이 짧아요"라며 내려놓았다.

　몇 주 후 그가 다시 찾아와 자신이 읽을 만한 쉬운 수학사 책을 권해달라고 했다. 그는 우리가 추천한 몇 권의 책 중에『청소년을 위한 위대한 수학자들 이야기』와『세계사가 재미있어지는 20가지 수학 이야기』를 골랐다. 세계사를 먼저 알고 한국사를 보는 게 순서일 것 같다고 했다.

　너무 딱딱하지 않지만 그렇다고 아이들 책처럼 뚝뚝 끊어지지도 않으면서 지적 호기심을 채울 수 있는 수학 교양서를 찾는 분들에게『세계사가 재미있어지는 20가지 수학 이야기』를 추천한다. 중국 수학자가 쓴 이 책은 세계사를 어느 정도 알고 있는 독자를 향해 '이런 수학사도 아느냐?'며 허를 찌른다. 더불어 흥미진진한 이야기를 통찰력 있게 쏟아낸다.

　어느 한 가지를 깊이 파고들다 보면 서로 만난다. 제멋대로 따로따로 흩어져 있는 것들, 혹은 어떤 경계로 구분되어 있어서 절대로 서로 만날 수 없어 보이는 것들 아래에는 그것들을 한데 묶는 뿌리가 있다는 사실을 깨닫게 된다. 역사라는 나무의 뿌리에는 수학도 있다. 수학을 모르고 정치사나 과학사, 예술사를 온전히 알기는 어렵다. 아쉬움을 느끼면 채우고 싶어지고, 그렇게 채우면서 우리는 더 넓고, 깊게, 교양을 쌓아간다. 다양한 분야를 가로지르는 폭넓은 지식을 가진 사람과의 대화는 흥미롭다. 예술과 정치사를 논하면서 수학의 역사에 대한 지식도 곁들이면 얼마나 매력적일까?

교양인을 위한 수학사 강의

이언 스튜어트 지음, 노태복 옮김 | 반니 | 2016. 01.

세계적으로 유명한 영국의 수학자이자 대중 저술가인 이언 스튜어트가 전문 수학자가 아닌 일반 대중을 대상으로 쓴 수학사 책이다. 선사시대부터 카오스 이론까지, 보통의 수학사 책과 달리 시대순으로 서술하지 않고 주제별로 접근한다. 역사적으로 의미가 있었던 사건을 중심으로 흘러가듯 썼다. 그래서 과거에서 현재로, 다시 과거에서 현재로 왔다 갔다 한다. 400쪽이 넘는 책이지만 수학자의 에피소드도 재미있어서 술술 읽힌다.

수학은 어떻게 문명을 바꾸었는가?

마이클 브룩스 지음, 고유경 옮김 | 브론스테인 | 2022. 09.

A4 용지와 이차 방정식은 무슨 관계가 있을까? 이차 방정식의 근의 공식은 왜 배울까? 평소 이런 질문을 가지고 있던 사람에게 추천한다. 세계 정치사, 경제, 공학, 예술을 두루 포함해서 인간이 만든 전 영역을 넘나들며 그것들과 수학의 관련성을 설명한다. 물론 다양한 예시와 근거가 있다. 게다가 읽기도 쉽다! 그야말로 읽으면 상식이 풍부해지는 책이다.

프랑스 혁명과 수학자들

다무라 사부로 지음, 손영수 · 성영곤 옮김 | 전파과학사 | 2020. 03

프랑스 혁명의 정치사는 잘 아는데 수학은 잘 모른다면 프랑스 혁명을 잘 안다고 할 수 없다. 수학자들도 그 시대를 살아가며 영향을 주고받았다. 데카르트부터 가우스까지 중세에서 근대로 넘어가는 시대를 살아간 수학자들의 이야기가 간결하게 서술되어 있어서 프랑스 혁명 시기의 수학사를 훑어보기에 좋다. 우리 책방에 다녀간 중학교 동아리 학생을 비롯한 과학을 좋아하는 학생들이 고르는 책 중에 하나다.

PART 3

수학의 세계로 인도하기

학부모, 교사

학습자를 이해해야 제대로 가르칠 수 있다

수학이 두려운 엄마.

소설처럼 아름다운 수학 이야기

김정희 지음
혜다 | 2018. 03.

사춘기 아들과 엄마는 2층 책방 입구에 들어오는 순간부터 소란스러웠다. 책방에 손님이 가득했지만 마치 아무도 보이지 않는 듯, 들어오라는 엄마와 다시 나가려는 아이의 실랑이가 한동안 계속되었다. 나는 일단 안쪽의 소파로 안내하고 자초지종을 들었다.

"아니, 그냥 특성화고 가도 되는데, 왜 일반고를 가겠다고 하는지 모르겠어요. 앞으로 공부를 어떻게 하려고."

상황은 이랬다. 미용 관련 특성화고를 준비하던 아이가 어느 날 갑자기 대학교에 가겠다고 선언한 것이다. 엄마는 깜짝 놀랐다. 동시에 와락 겁이 났다. 아이가 대학을 가지 않겠다고 해서 갈등인 집이 많은데, 이 집은 아이가 대학에 가려고 해서 걱정이었다.

엄마의 가슴이 덜컹 내려앉은 이유는 수학 때문이었다. '일반고에 가면 수학을 공부해야 하는데? 우리 아이가 할 수 있을까?' 걱정되었다고 한다. 수학 공부는 아이가 하는 것인데, 이 엄마는 왜 이렇게 두려워하는 걸까? 엄마는 '수포자'였다. 수학이 두려운 엄마에게 아이의 대입 선언은 곧 수학과의 선전포고처럼 들렸다.

"선생님, 저는 수학이 너무너무 무서워요. 아직도 수학 시험을 보는 악몽에 시달립니다. 아이가 어렸을 때부터 저는 제 아이를 전혀 가르칠 수가 없었어요. 아이를 대안학교에 보냈는데, 대안학교에서는 수학을 거의 가르치지 않았어요. 우리 아이는 지금까지 수학을 제대로 배운 적이 한 번도 없어요. 제가 수포자라 아이를 잘 지도하지 못한 것 같아요. 수학에 대한 공포가 저에게 전염된 것 같아서 모든 게 다 제 탓 같아요."

나는 엄마를 똑바로 보고 말했다.

"엄마는 엄마고 아이는 아이예요. 엄마가 '수포자'였다고 아이도 '수포자'가 되는 것은 아닙니다. 아이 의지가 강하니까 지금부터 공부하면 됩니다."

아이 눈이 반짝였다. 나는 아이에게 이것저것 물었다. 아이는 이미 '대학병원 간호사'가 되겠다는 구체적인 목표를 세우고 있었다. 지금 하는 공부와 앞으로 할 공부에 대해 조언해주었더니 아이 표정이 한층 더 밝아졌다.

한겨레 신문에서 '수학으로 상처받은 부모와 아이를 위로하는 책방'이라는 우리 책방 소개를 보고, 아주 작은 용기라도 얻고 싶어 찾아왔다는 엄마는 역시 오길 잘했다는 표정을 지었다.

"이 중에서 수학에 대한 저의 트라우마를 치유할 수 있는 책이 있으면 소개해주세요."

나는 『소설처럼 아름다운 수학 이야기』를 추천했다. 수학 시간에 뺨을 맞고 수학을 멀리하게 된 소설가가 수학 트라우마를 벗어내고 쓴 수학 에세이다. 수학 시험을 보는 악몽을 꿀 정도로 수학에 대한 기억이 좋지 않은 엄마가 공감할 만한 이야기다. 수학의 역사와 중요한 중학교 수학 개념도 소개하고 있어 아이가 공부해야 할 수학 단계와도 관련이 있다. 이 책을 읽고 아이의 엄마가 수학에 대한 트라우마를 벗기를 진심으로 바랐다. 아이의 합격 소식도!

강쌤의 수학상담소

강미선 지음
휴먼에듀 | 2020. 01.

아이를 기르는 부모라면 누구나 다시 수학과 만난다. 부모는 학창 시절에 수학과 싸웠고 수학으로부터 상처를 받았다 해도, 아이에게는 수학이 처음이다. 아이는 수학에 대해 아무런 선입견이 없다. 그런데 자신이 수학을 두려워하는 마음에 아이에게 아예 수학 공부를 안 시키거나 반대로 너무 지나치게 시키는 부모들이 있다. 그 영향은 고스란히 내 아이가 받는다.

『강쌤의 수학상담소』는 수학이 힘든 아이와 엄마들을 위한 책이다. 수학으로 얻은 마음의 병을 수학으로 치유한다. 수학으로 고민하는 학부모와 아이들의 실제 상담 사례와 그에 대한 처방을 모았다. 더불어 다양한 아이들의 학습 스타일에 대한 설명과 지도법이 담겨 있다.

공부 잘하는 아이들의 학습법을 따라 하면 수학을 잘하게 될까? 아니다. 자신의 학습 스타일을 찾아 공부해야 하는데, 내 아이의 특성을 발견하고 존중하는 과정을 많은 부모가 어려워한다. 내가 '수포자'라서 내 아이도 수포자가 될 것 같다는 엄마들이 많다. 수학적인 능력이 유전된다고 생각하는 것이다. 만약 아이가 수학을 싫어한다면 그건 유전이 아니라 환경 때문이다. 부모의 부정적인 감정이 평소 생활에서 언어나 행동을 통해 자주 드러나고, 그런 환경에서 아이는 자연스럽게 영향을 받게 될 테니까.

○ 함께 읽으면 좋은 책 ○

너는 왜 그렇게 푸니?

다니구치 다카시 지음, 최현주 옮김 | 동양북스(동양문고) | 2021. 12.

교사는 비교적 아이의 오답에 너그럽다. 그 또래 아이들이 늘 하는 실수이기 때문이다. 내 아이를 가르치는 부모는 내 아이만 틀린다고 생각하기 쉽다. 발달에 따른 그 또래 아이들의 일반적인 특성을 잘 모르기 때문이다. 『너는 왜 그렇게 푸니?』는 어린 자녀를 둔 수학자 아빠가 아이의 오답을 토대로 그 또래 아이의 마음을 이해하는 과정을 담은 책이다.

우리 책방에 온 중학생이 이 책을 읽고 있길래 이 책에 관심이 있냐고 물었더니 "다섯 살짜리 막냇동생을 가르칠 때 참고하려고요"라고 말했다. 잘 가르치려면 우선 상대의 마음부터 이해해야 한다는 것을 벌써 아는 중학생 오빠다.

수학교육학 전문가의
생각 들여다보기。

서울대 석학이 알려주는 자녀교육법: 수학

이경화 지음
서울대학교출판문화원 | 2024. 01.

　책방에서 열리는 〈만공수학〉 원데이 클래스 수업을 들으러 초등학교 2학년 아이와 엄마가 찾아왔다. 책방에 들어오자마자 주로 고학년이 보는 책을 고른 아이는 파이룸으로 들어갔다. 엄마는 아이가 볼 만한 책을 서너 권 살펴보고 있었다.

　"요즘은 너도나도 선행학습을 시키는데, 저는 너무 서두르지 않고 싶어요. 그런데 막상 아이가 2학년이 되니까 마음이 좀 급해지기도 하네요."

이렇게 말하며 웃는 엄마에게 "혹시 부모를 위한 수학 교육서를 읽어보셨나요?"라고 물었다. 엄마는 곧바로 고개를 가로저었다.

누구나 학부모가 되면 막막하다. 처음 교단에 선 교사도 마찬가지인데, 부모는 말할 것도 없다. 이럴 때는 큰 그림을 보는 게 좋다.

"선행학습을 하고 안 하고를 떠나 학교 교육이 어떤 흐름을 가지고 있고, 어떤 것을 중요시하는지 아는 게 제일 중요해요. 서울대학교 수학교육과 교수님이 쓴 책이 있는데, 그 책을 보면 요즘 수학교육에서 무엇을 중요하게 여기는지를 알 수 있습니다. 한번 보시겠어요?"

분야별로 가장 전문성이 높은 서울대학교 교수진이 집필한 시리즈로서 수학 분야인 『서울대 석학이 알려주는 자녀교육법: 수학』을 추천했다. 책방에 오신 분들께 이 책을 추천하면 반응이 크게 두 가지로 나뉜다. "서울대?" 하면서 눈을 반짝이거나 "아, 저는 서울대 관심 없어요" 하는 심드렁한 유형이다. 이분은 관심을 보였다.

이제 막 학부모가 된 지 얼마 안 된 분들은 SNS에서 유명한 사람이 하는 주장이나 언론 기사 또는 주변 지인에게 듣는 정보가 전부일 수 있다. 아직 아이가 어리다면, 어린아이들에 대한 학습법에만 관심을 두고 더 멀리 보지 않는 경향도 있다. 아이가 어릴수록 큰 그림을 보아야 한다. 더불어 공신력 있고 신뢰할 만한 정보를 가려내는 것도 중요하다.

  이 책에는 학술적인 연구 결과도 볼 수 있는데, 특히 "수학 머리가 있나요?"라는 질문에 '유치원부터 고등학교까지 수학을 배울 때 수학 재능이 필수적이라는 연구는 본 적이 없다'라고 단언한다. 소위 '전문가'를 자처하는 사람들이 난무하는 이 시대에 올바른 길을 밝혀줄 신뢰할 만한 수학 교육서로 이 책을 추천한다.

수학의 마음

강미선 지음 | 푸른향기 | 2024. 05.

수학교육에 대한 저자의 철학을 담은 책. '수학은 머리가 좋은 순서로 줄을 세우는 과목'이 아니라, 머리를 '키워주는' 과목이라 주장한다. 수학에 대한 긍정적인 정서로부터 '수학머리'를 만들 수 있기 때문에 수학을 어렵게 생각하지 않는 게 중요하다. 평균의 지능을 가졌다면 누구나 수학을 잘할 수 있다. 도대체 왜 수학을 가르쳐야 하는지 회의감이 들거나 길을 잃을 때 이 책을 읽으면 수학에 대한 마음도 더 단단해질 것이다.

수학적 능력의 심리학

V. A. 크루테츠키 지음, 송상헌·임재훈·권석일·남진영 등역 | 경문사 | 2014. 07.

수학 영재에 관한 책 중에 가장 손꼽히는 고전이다. 러시아의 저명한 심리학자가 학령기 아동의 수학적 능력의 특징과 구조를 밝히기 위해 약 12년간 연구한 결과물을 담았다. 수학 영재는 아주 어릴 때부터 수학에 대한 깊은 흥미를 갖고 많은 노력을 쏟는데, 주로 수를 다루는 능력과 관심에서 시작해 차차 추론 능력이 형성된다. 세계를 수학적으로 해석하려는 '수학적 기질'이 있으며 분석형, 기하형, 조화형으로 구분할 수 있다. 대학원 교재로 쓰이는 책이며, 번역이 아주 매끄럽지는 않다는 점에 유의하자.

예비 초등 수학 교사 필독서.

초등수학 교재 연구와 지도

유현주 · 조영미 · 나귀수 · 고은성 · 고정화 · 이동환 지음
동명사 | 2019. 07.

    수학교육과나 초등교육과를 다니는 대학생들은 교사가 되기 위해 체계적으로 공부하지만, 자녀를 지도하는 학부모 중 수학 지도법을 체계적으로 배운 분은 많지 않다. 아이의 수학 공부에 대해 걱정이 앞서지만 직접 초등학교 수학을 '공부'하고 가르치려는 분은 드물다. 제대로 가르치려고 단단히 마음을 먹은 분들이라면 '학교 선생님들은 어떤 책으로 공부했을까?' 궁금할 것이다.

교육대학교 수학교육 전공 도서인 『초등수학 교재 연구와 지도』를 통해 초등수학 전체의 체계와 핵심 개념을 크게 살펴볼수 있다. 곧 초등학교 교사가 될 예비교사를 대상으로 학교 수학에서 꼭 알아야 할 초등학교 6년의 수학 교과 내용을 비롯해교사용 지도서 열두 권에 들어가는 내용을 한 권에 다 담은 책이다.

이 책을 책방에서 소개하자 반응은 폭발적이었다. 누구보다수학을 잘 가르치고 싶은데, 비전공자인 내가 혹시 놓치는 것은 없는지 마음 한구석에 염려하는 마음을 가지고 있던 분들이 한꺼번에 주문한 것이다. 우리는 더럭 걱정이 밀려왔다. 이책은 교사용이라 사전 지식이나 설명 없이 그냥 혼자 읽기에는너무 어려울 텐데⋯. 다들 우르르 주문하니까 엉겁결에 샀는데 막상 책을 펼쳐보니 읽기 힘든 사람들도 있을 것 같았다. 괜히 샀다고 후회하지나 않을까 걱정됐다. 이 사태를 어떻게 할까 고민하다가 '무료 강의를 하겠다'라고 선언했는데 그 바람에 주문이 더 늘었다. 전공 도서라 일반 단행본처럼 재고가 충분치 않았다. 출판사에 재고를 확인했을 땐 분명 '많다'라고 했는데, 금방 동이 났다. 재쇄를 두 번이나 했고, 선착순으로 모집한 Zoom 라이브 강의권 100명은 순식간에 마감됐다. 한 학기동안 수업하는 대학교 전공 도서를 90분짜리 강의로 정리한다는 원대한 기획은 그야말로 성공적이었다. 개업 3개월 만에 우리 책방 최대 매출을 올린 책이 되었다.

초등학교 수학 이렇게 가르쳐라

리핑 마 지음, 신현용 · 승영조 옮김
승산 | 2002. 07.

점심시간이 다 되었을 무렵, 손님이 급하게 책방으로 들어왔다. 자신을 '20년 경력의 수학 과외 선생님'이라고 소개한 손님은 자신이 비전공자라서 수학을 체계적으로 공부한 적이 없다며 수학을 가르치는 데 꼭 읽어야 하는 필독서를 추천해달라고 했다. 우리는 『초등학교 수학 이렇게 가르쳐라』를 건넸다.

출간한 지 20년이 넘었지만, 여전히 우리나라뿐 아니라 전세계 교사들에게 큰 충격과 반성을 주고 있는 스테디셀러다. 교사가 가지고 있는 수학 개념의 수준이 얼마나 중요한 것인지에 대해 아주 깊이 있게 다루고 있다. 수학을 잘 가르치고 싶고 자신의 전문성을 높이고 싶은 교사 사이에서 추천하는 필독서이다. 어떻게 가르쳐야 할지 고민되는 건 사교육 강사들도 마찬가지다. 학생들 지도 경험이 있지만, 더 전문성을 높이고 싶은 분들에게 추천한다.

초1 아이가 수학을 두려워한다면 그건 아이 탓이 아니다. 아이를 가르치는 어른들 탓이다. 어른들은 스스로 반성하며 '수학 가르치는 방법'을 공부해야 한다. 이 책을 읽으면 많은 초1 아이들이 두 자릿수를 헷갈려한다는 정보를 얻을 수 있고, 비로소 수학에 여유로운 마음을 갖게 된다.

안갯속에 있을 때는 한 치 앞이 보이지 않아 내가 잘 가고 있는지, 이 길이 맞는지 두려워 같이 가는 아이의 손을 너무 꽉 잡게 된다. 하지만 저 앞에 무엇이 있고, 어디서 길이 갈라지는지, 어느 길이 오솔길이고, 큰 길인지 알게 된다면 두렵지 않다. 아이들도 그렇다.

함께 읽으면 좋은 책

예비교사와 현직교사를 위한 초등수학지도방법

강문봉 지음 | 지오북스 | 2022. 03.

『초등수학 교재연구와 지도』는 여섯 저자가 함께 쓴 책인데 이 책은 단독 저서다. 전체 내용과 분량은 비슷하지만, 앞부분에 수학교육의 기본 이론이 들어 있고, 자연수와 분수, 소수 부분이 좀 더 자세하다. 다른 영역보다 수와 연산을 자세히 알고 싶은 사람에게 적당하다.

수학학습부진 학생 지도 전략

Ronit Bird 지음, 고정화 옮김 | 동명사 | 2016. 10.

수학학습부진 학생들을 가르치는 교사를 위한 전문 도서이다. 수학학습부진 학생은 많지만, 그 학생들을 지도하는 교사를 위한 책은 이 책이 유일하다. 100개의 워크북이 들어 있는 『수학학습부진 학생을 위한 자료집』, 200가지 활동과 게임이 들어 있는 『수학학습부진 학생을 위한 도구 모음』과 함께 총 3권이 한 세트다.

예비 중등 수학 교사 필독서 。

수학교육과정과 교재연구

김남희 · 나귀수 · 박경미 · 이경화 · 정영옥 지음
경문사 | 2017. 03.

"저는 중 · 고등학교 수학을 가르쳐요. 수학교육학을 전공하지는 않았고요. 그렇다 보니 스스로 자신감이 없어지는 때가 있어요. 이제 와서 대학원을 갈 수도 없고. 전공자들이 배우는 수학교육론이 궁금한데, 독학으로 볼 수 있는 책이 있을까요?"

이렇게 말하는 손님에게 내놓는 책이 바로 『수학교육과정과 교재연구』다. 중 · 고등 수학 교사를 뽑는 임용고시 필독서이고, 사범대학교 수학교육과나 교직 선택 학생들의 주교재이다.

나 역시 대학과 대학원에서 교직 과목을 강의할 때 이 책을 주교재로 썼다. 이 책 한 권으로 중등수학 지도법을 통달할 수 있을 정도로 수학의 영역별 역사, 개념, 지도법, 교육과정까지 총망라되어 있다. 내용이 매우 많고 어렵다 보니 한 학기 내내 진도 나가기가 빠듯하다.

힘들게 공부한 학생들이 졸업 후에는 "수학 교사라는 좁은 길보다는 더 넓은 길을 선택하려고 해요"라고 말하는 경우가 점점 많아졌다. 그럴 때면 교직 과목을 가르치는 일에 회의를 느끼기도 했다. 그런데 이 책으로 가르친 학생 몇 명에게 "교수님! 이번 임용고시에 합격했습니다"라는 문자를 받았을 때는 얼마나 기쁘던지!

이 책은 가장 먼저 어떤 개념을 왜 가르치는지 그 이유에 대해 설명한다. 수학과 연산은 구조를 가르치는 데에 의의가 있고, 대수는 '문자와 식이 수학적 의사소통을 위한 언어'라는 점에 의의가 있다. 함수는 현실 세계를 이해하는 데 도움이 되며, 실세계 상황을 표현하고 해석하는 데 유용한 기하와 증명은 연역적 추론을 개발하고 수학적으로 사고하는 힘을 자라게 한다. 미적분은 자연현상이나 사회현상을 연구하기 위해, 확률과 통계는 바람직한 의사결정을 위해서 가르친다. 이를 기반으로 수학 개념의 뿌리와 발달 과정 그리고 지도법 등에 대한 연구 결과를 설명한다.

교육과정에 대한 분석도 빼놓지 않는다. 그야말로 수학 교사의 교과서답다. 다만 대학 강의용 교재라 이해하기는 쉽지 않다. 혼자 읽으려면 수학의 역사와 중·고등학교 수학 내용에 대한 기초 지식이 필요하다.

수학교육학신론

황혜정 · 나귀수 · 최승현 · 박경미 · 임재훈 · 서동엽 지음 | 문음사 | 2019. 08.

수학교육학이라는 학문이 궁금하다면 이 책을 보자. 중등 수학 교사 임용고시 필독서로, 2001년에 첫 출간된 이후 수시로 개정판이 나온다. 수학교육심리학을 비롯해서 문제해결교육론, 교수학습상황론 등 수학교육학의 각종 이론이 망라되어 있다. 한마디로 '수학교육이란 무엇인가?'에 대한 이론서이다.

어떻게 문제를 풀 것인가?

G. Pollya(조지 폴리아) 지음, 우정호 옮김 | 교우사(오판근) | 2008. 04.

문제해결 4단계(문제 이해하기-풀이 계획하기-실행하기-반성하기)를 만든 수학자 폴리아의 저서로, 문제해결론의 정석이라고 할 수 있다. '수학에서 가장 중요한 것은 문제해결력이다'라는 말이 있을 정도로, 문제해결력은 전세계 수학교육학에서 강조하는 능력 중 하나이다. 어떻게 문제를 풀 수 있게 되는지 궁금하다면 이 책을 보자.

수학적 발견의 논리

임레 라카토스 지음, 우정호 옮김 | 아르케 | 2001. 04.

수학의 증명은 어떻게 하는 것일까? 이 책은 라카토스의 박사학위 논문에 바탕을 두었으며, 수학의 발생이 어떻게 이루어지고 있는지 오일러의 다면체 정리를 가지고 대화 형식으로 풀어낸 책이다. 저자는 수학적 지식도 과학처

럼 증명과 반박으로 개선되고 성장한다고 주장한다. 수
학 지식이, 어느 날 문득 천재들이 터득한 정보를 모은
것이라는 생각에서 벗어나기 힘든 수학 교사라면 꼭 읽
어보기를 바란다.

수학의 뿌리를 알려주고 싶다면 。

수학의 역사 (상 · 하)

칼 B. 보이어 · 유타 C. 메르츠바흐 지음, 양영오 · 조윤동 옮김
경문사 | 2000. 07.

'이 책을 읽는 사람은 그가 일반인이든, 학생이든, 교사든, 수학적 수준이 대략 대학교 3, 4학년에 해당한다는 것이 이 책의 전제이다'라고 머리말에서 밝히듯, 이 책은 정통 수학사를 다룬다. 1000쪽이 넘는 방대한 분량으로 연습문제도 포함되어 있으나(정답지 혹은 해설지는 없음), 안 풀어도 된다고 쓰여 있다. 상권에서는 30만 년 전부터 시작해서 고대를 거쳐 16세기 근대 수학의 서막까지 수학의 역사에 대해 설명하고, 하권에서는 데카르

트에서 시작해 17세기 과학 혁명의 시기를 거쳐 20세기 수학까지 총망라하고 있다.

이 책의 목적은 수학적 구조와 수학적 명확성뿐 아니라 역사적인 세부 사항도 충실하게 소개하는 데 있다. 즉, 수학과 역사라는 두 마리 토끼를 잡는다. 예를 들면, 고대 이집트 사람들이 분수를 사용했다는 사실은 여러 수학사 책을 통해 널리 알려졌지만 그 시대가 언제부터인지 구체적으로 밝히는 책은 거의 없다. 이런 자세한 내용은 세계사까지 아우르는 정통 수학사 책을 봐야만 알 수 있다. '석기 시대에는 분수를 사용할 필요가 없었지만, 청동기 시대가 되면서 문화가 진보했고 분수 개념이 필요해졌'라고 구체적으로 설명해주니까.

고대 이집트인들은 거의 모든 분수를 단위분수의 합으로 나타냈다는 것도 널리 알려져 있다. 예를 들어 $\frac{2}{15}$의 경우, 굳이 $\frac{1}{10}$ $+\frac{1}{30}$와 같이 분자가 1인 단위분수들의 합으로 나타냈다. 물론 당시에는 더하기 기호도 없어서 그냥 단위분수들은 나란히 이어 $\frac{1}{10}\frac{1}{30}$로 썼고 분수 모양은 지금과 달랐다.

최근에는 초·중·고 수업에서 융합 수업을 권장하는 추세다. 수학의 역사를 활용하는 문제가 시험에 나오기도 하고, 발표 과제로 내주기도 한다. 만약 어떤 수학 교사가 고대 이집트 수학을 조사해오라는 과제를 내주었거나 고대 이집트인들처럼 단위분수로 나타내보라는 문제를 냈다고 가정해보자. 이런 질문이 나올 수 있지 않을까?

"고대 이집트인들은 그걸 어떻게 알았어요?"

바로 이 책에는 고대 이집트인이 사용했을 만한 공식이 나와 있다.

$$\frac{2}{3} \cdot \frac{2}{p} = \frac{2}{2p} + \frac{2}{6p}$$

이에 따르면, $\frac{2}{15} = \frac{2}{3} \times \frac{1}{5} = \frac{1}{2 \times 5} + \frac{1}{6 \times 5} = \frac{1}{10} + \frac{1}{30}$

"확실한 증거는 없지만 아마도 이런 공식을 사용하지 않았을까 추측하고 있답니다"라고 자신 있게(!) 대답할 수 있다.

1년이 약 365일이라서 원둘레를 360°로 하게 되었다는 것까지 알고 있는 수학 교사도 많지 않을 것 같다. "언제부터 원둘레를 360°로 한 거예요?"라고 묻는 학생들이 혹시라도 있다면? 역시 이 책에 나와 있다. '고대 그리스의 히파르쿠스 시대부터'라고!

흔한 대중서 말고, 수학의 역사에 대해 '쩐으로' 알고 싶다면, 대학원 수학사 수업에서 사용하는 수준의 책을 읽고 싶다면 이 책을 읽자. 여기서 한 가지 밝혀둘 사항은 번역된 수학사 책에 오탈자가 많다는 사실이다. 전문 수학서라 편집 과정에서 확인하기 어려웠을 수 있다. 이 책에도 지수를 빼먹거나 부호를 잘못 쓴 경우가 있다는 점을 참고하자. 편집자의 애로를 너그럽게 이해하는 마음으로, 오탈자를 찾으면 출판사에 알려주는 건 어떨까.

교사를 위한 수학사

한인기 지음 | 교우사(오판근) | 2003. 09.

너무 이론적이지 않고 수업에서 활용할 만한 정도의 내용이 들어 있는 수학사 책을 원한다면? 바로 이 책이다. 딱 이만큼만 알면 된다.

이 책은 역사발생적 원리에 입각해서 초등학교는 물론 중·고등학교 수학 교과와 직접 관련 있는 내용을 중심으로 수학의 역사를 추렸고, 수학 과제로 낼 만한 증명 문제와 증명 과정이 들어 있다.

수학사를 활용한 교재연구

가타노 젠이치로 지음, 김부윤·정영우 옮김 | 경문사 | 2011. 09.

수학 역사는 학생들의 흥미를 일으키기에 좋은 소재라는 걸 알지만, 막상 수업에서 어떻게 하면 좋을지 막막한 교사들에게 추천한다. 저자는 수학 과제를 낼 때는 다음 3가지 조건을 생각하라고 한다. 1) 재미가 있는 것, 2) 유익한 것, 3) 잘 아는 것. 특히 학생들이 잘 아는 것이거나 익숙하고 흔한 소재를 사용하는 게 중요하다. 이 책은 확률과 통계까지 중등수학에서 활용할 만한 과제와 이야깃거리를 소개한다.

유클리드의 창: 기하학 이야기

레오나르드 믈로디노프 지음, 전대호 옮김 | 까치 | 2002. 06.

제목과 달리 이 책은 기하학에 관한 이야기가 아니다. 수학의 혁명에 대해 다

룬 책이다. 유클리드가 일으킨 기하학 혁명에서는 평행선 공리에 대해, 데카르트가 일으킨 장소의 혁명에서는 좌표에 대해, 가우스가 일으킨 휘어진 공간의 혁명에서는 비유클리드 기하학에 대해서 이야기한다. 그러고는 과학으로 넘어가 아인슈타인의 광속 혁명과 위튼의 혁명에서는 끈 이론 혁명이 나온다.

수학기호의 역사

조지프 마주르 지음, 권혜승 옮김 | 반니 | 2017. 03.

『허수』를 쓴 베리 마주르의 동생 조지프 마주르가 이 책의 저자다. 이 책을 쓰게 된 계기가 흥미로운데, 친구들이 15세기까지 곱셈 기호가 없었다는 걸 모르고 있었기 때문이라고. 숫자의 역사, 대수의 역사, 기호의 힘에 대한 내용이 들어 있으며 수학 역사 중 기호에 관해 알고 싶다면 이 책을 보면 된다.

학교수학의 역사-발생적 접근

우정호 지음 | 서울대학교출판문화원 | 2018. 11.

수학사적 배경과 이론을 담은 전공서적이다. '수학은 이미 완성된 산물'이라고 생각하는 사람들이 많다. 수학을 그렇게만 본다면 우리의 역할은 그저 그것을 받아들이는 것 외에는 없는 셈이다. 그러나 수학은 이미 만들어진 것이 아니라 끊임없이 발생하는 것이며, 학생들이 그 과정을 경험하게 하려는 교수학습 원리가 바로 '역사발생적 원리'이다. 수학을 '기성품'으로 간주하는 기존 인식을 바꾸고 살아 있는 수학을 경험하게 하려면 교사는 무엇보다 수학의 발생과정을 알아야 한다.

방정식의 이해와 해법

다무라 사부로 지음, 경익선 · 손영수 옮김 | 전파과학사 | 2023. 09.

『미지수, 상상의 역사』가 너무 어렵다면 이 책을 읽자. 일차방정식부터 이차방정식, 삼차방정식, 사차방정식의 근의 공식을 구하는 과정이 나오는데, 특히 삼차 방정식과 사차 방정식의 일반적인 해법 과정에서 치환이 사용되는 방법을 소개한다. 학교 수학 수준에서 방정식의 역사에 대한 개요를 알기에는 충분하다.

미지수, 상상의 역사

존 더비셔 지음, 고중숙 옮김 | 승산 | 2009. 11.

메소포타미아의 문장제에서 시작해서 알콰리즈미를 거쳐 갈루아의 이론에 이르는 방정식의 역사가 들어 있다. 군의 발견에서 위상수학까지 비교적 전문적인 수학 내용이 나온다.

수학 질문 상자

야노 겐타로 지음, 전재복 옮김 | 전파과학사 | 2001. 11

수학의 역사와 관련된 질문이라기보다는 수학 교과와 관련된 질문을 모은 책이다. 초등학교 고학년이나 중학생들을 가르치는 교사들이 학생들에게 자주 받는 질문이 들어있다. 예를 들어, 0.9999…는 왜 1일까? 1은 왜 소수가 아닐까? 분수 나눗셈에서는 왜 역수를 곱할까? 음수끼리 곱하면 왜 양수가 될까? 이 책을 읽고 궁금증이 더 생겼다면 『수학교육과정과 교재연구』를 보면 도움이 된다.

교사의 취미 수학。

허수

배리 마르주 지음, 박병철 옮김
승산 | 2008. 03.

수학책방을 시작하고 얼마 되지 않았을 때, 매사 허둥지둥했다. 온라인으로 주문받은 책을 택배로 보내면서 주소를 잘못 쓰기도 하고, 동일한 책을 같은 분에게 두 번 보낸 적도 있다. 책방 손님들이 대체로 이해심과 배려심이 많아서 "하하 괜찮습니다"라고 해주셔서 다행이었지, 식은땀을 흘린 적이 한두 번이 아니었다. 가장 막막할 때는 총판에서 책이 늦게 오는 경우다. 수학 교양서는 소설 등에 비해 인기가 없는 분야다. 총판에서 수학책을 종류별로 다양하게 가지고 있는 경우는 거의 없다. 총판에 주문하면 총판에서는 출판사에 주문한다. 그러는 동안 하루 이틀이 지난다. 며칠을 기다려도 책이 안 오면 속이 타들어간다. 당일 배송되는 다른 대형 책방을 선택할 수 있었음에도 우리 책방에 주문한 분들에게 너무나도 송구한 일이다. 우체국 택배가 비싸지만 가장 확실해서 하루라도 빨리 보내려고 책이 오자마자 우체국으로 달려가는 일도 많았다.

책방지기들을 가장 힘들게 한 책을 꼽으라면 이 책이다. 이 책의 주문자가 특이한 이름이어서 내가 대학 강사를 하던 시절의 제자라는 걸 단박에 알 수 있었다. 반가운 마음에 연락했더니, "교수님이 수학책방 여신 걸 카카오톡 프로필 사진을 보고 알았어요"라고 한다. 현재는 학원 강사를 하고 있다고. 총판에서 책이 오는 대로 가능한 한 빨리 택배로 보내주려고 했는데, 하루, 이틀, 사흘… 책이 안 오는 게 아닌가? 너무 오래 걸리는 게 미안해서 결국 대형 온라인 서점에서 책을 사서 보냈다. 그 학생은 알아차렸을까. 동네 책방지기로서는 숨고 싶은 굴욕적인 순간이었다. 지금도 서가에 꽂힌 『허수』를 보면 당시의 초조했던 순간과 책을 주문한 학생, 그리고 캠퍼스와 강의실 풍경이 동시에 떠오른다.

『허수』는 분명 존재하지만, 수직선 위에는 존재하지 않는다. 수는 수인데 존재를 부정당하던 허수가 비로소 수로 인정받는 순간은 감동적이다. 책방은 책방인데 책방 역할을 제대로 못 하던 초기의 데카 책방이 점차 책방으로 인정받는 것 같던 순간들은 또 얼마나 감격스러웠는지! 음수만큼이나 그 존재를 의심받았던 허수가 궁금하다면, 자기 스스로 존재감이 없게 느껴진다면 이 책을 보시라. 허수처럼 눈에 분명히 보이는 순간이 올 것이다. 단, 이 책에는 허수를 배워서 어디에 쓰는지는 나오지 않는다. 사실 우리도 존재 자체가 의미 있는 게 아니던가.

만화인 듯 만화 아닌 만화 같은 미적분

오카베 츠네하루 지음, 김병학 옮김
경문사 | 2018. 03.

20대 어느 날, 신문에서 고(故) 김용운 교수의 미적분 칼럼을 보았다. 자동차를 예로 들며 속력과 미분에 대한 설명이 나와 있었다. 의아했다. '미분을 왜 기울기가 아닌 속력으로 설명하시지?' 지금 생각하면 부끄러운 일이지만, 그때까지도 나는 미분을 순간변화율로 이해하지 못하고 있었다. 혹시 지금도 이런 예비교사가 있다면 이 책을 보기 바란다.

삽화가 많이 나오지만 만화책은 아니다. 박물관에는 부서진 토기를 복원해놓은 것이 있는데, 부서진 작은 조각 하나하나는 평평하지만 모아놓으면 곡면이 된다. 토기의 복원 작업이 적분이고, 미분은 토기를 가루가 되도록 부수는 것이라는 설명이 흥미롭다. 공식은 거의 나오지 않는다. 관성항법장치의 구조에 미적분이 사용된다거나, 미분방정식의 특이점과 태풍이 관계가 있다거나, 접선을 그을 수 없는 프랙털에 미적분을 사용한다는 것이 무슨 말인지에 대해 쉽게 설명하는 등 일반인들도 알기 쉬운 생활 속 예시가 많다. 학생들보다 교사가 먼저 읽어보기를 추천한다. 수업 중에 학생들이 "미적분은 왜 배우나요?" 하고 물으면 예를 들어 설명해주기에 딱 좋다.

함께 읽으면 좋은 책

만화로 쉽게 배우는 허수·복소수

오치 마사시 지음, 이시노 토이 그림, 강창수 옮김 | 성안당 | 2020. 05.

허수가 어떻게 생겨났는지, 계산을 어떻게 하는지도 알 겠는데 어디에 쓰였는지가 궁금할 때 보면 좋다. 앞부분 에는 허수의 역사나 복소수의 계산 방법에 대한 교과적 인 내용이 있고, 뒷부분 복소수의 공학적 이용에서는 이 과생들이 복소수를 배우는 이유가 나온다. 전류를 잘 몰 라도, 복소수가 생활에서 확실히 쓰임이 있다는 걸 알 수 있다. 이 시리즈의 특징은 항상 여학생이 교사로 나 온다는 점이다.

미적분의 힘

스티븐 스트로가츠 지음, 이충호 옮김 | 해나무 | 2021. 09.

사실 중등수학의 핵심 주제는 '무한'과 '연속성'이라고 할 수 있다. 이 책은 무한에서 시작해 연속성에 대한 제 논의 역설을 거쳐 미적분의 기본 정리로 이어지고, 비선 형성에 대한 미적분의 미래로 나아간다. 위에서 소개한 『만화인 듯 만화 아닌 만화 같은 미적분』으로 워밍업하 고 이 책을 정독해보자. 학창 시절 느꼈던 미적분에 대 한 갈증도 가시고, 학생들에게 자신 있게 설명할 수 있 을 것이다.

문제 없는 수학책

수학 좋아하는 게 뭐 어때서?

몹시 추웠던 1월 어느 날이었다. 6시가 넘어가면 금세 어두워져 더욱 썰렁하게 느껴졌다. 더는 손님이 올 것 같지도 않아 오늘만 5분 일찍 문 닫을 생각으로 주섬주섬 코트를 챙겨 입던 중이었다. 매서운 겨울바람을 뚫고 한 가족이 책방으로 쓱 들어왔다. 내가 좀 더 서둘러 퇴근을 했다면 문을 닫혀 낭패를 볼 수도 있는 상황이었다.

"혹시 멀리서 오셨다면 큰일 날 뻔했네요"라고 운을 떼었다. 아이 엄마는 담담한 어조로 "네, 멀리서 왔어요"라고 했다. 전혀 농담으로 들리지는 않았다. '멀리'라니 어디일까?

"제주도요."

분명 제주도라고 했다. "제주도? 설마 우리 책방 때문에 서울에 오신 건 아니죠?" 나는 재차 물었다.

"서울에 온 목적이 여기예요."

상상 이상의 대답에 속으로 고함을 질렀다. 와우!

아들은 초등 4학년이라고 했다. 성큼성큼 책방 안으로 들어가더니 소파에 앉아 『이상한 수학책』을 읽기 시작했다. 초등학생이 읽기에는 어려운 성인용 교양서인데….

"수학 어느 영역을 좋아해?"

초등학생에게 이런 질문을 할 때는 '계산하는 걸 좋아해요'라든가, '도형을 좋아해요'라는 대답을 기대한다.

"대수학이요."

대…수학? 아이는 혹시나 내가 잘 모를까 싶은지 설명을 덧붙였다.

"대수학은 방정식 같은 거예요."

읽던 책을 펼쳐 거듭제곱과 지수를 비교하는 부등식이 너무 재미있다며 설명까지 덧붙였다. 아이는 책방을 나서며 "제 목표는 난제를 해결해서 40살 이전에 최연소로 필즈상을 받는 거예요!"라고 했다. 언젠가 이 아이가 필즈상 수상자로서 인터뷰할 때, 어느 겨울에 찾아갔던 수학책방 이야기도 해주면 좋겠다는 상상을 했다. 순간 너무 행복해 얼굴이 훅 달아올랐다.

이 아이로부터 편지를 받은 건 가족이 다녀간 지 3주가 지난

화요일이었다.

> 안녕하세요. 제가 요즘 수열이 궁금해져서요.
>
> 혹시 수열에 관련된 책을 추천해주실 수 있나요?
>
> 그리고 ∞(무한)에 관한 책이 있나요?
>
> P.S. 저번에 친절하게 대해주셔서 감사했습니다.
>
> 또, m은 x의 모든 약수의 합일 때, $m \neq x$이면서 $x \bmod 2 \neq 1$인
>
> 경우가 있는지도 궁금한데, 관련 도서나 해결법이 있을까요?

   연필로 여러 가지 수식과 근황을 꾹꾹 눌러 쓴 편지에 크게 감동했다. 내심 이런 일을 기대하며 책방을 열었는데, 실제로 일어나다니.

   수학을 좋아하는 아이들이 의외로 많다. 초등학교 입학 선물로 수학책을 받고 싶었다는 1학년 아이는 입학식이 끝나자마자 엄마와 함께 잠실에서 책방까지 한걸음에 달려왔다. 필즈상 영역까지 줄줄 꿰는 한 6살 친구는 우리 책방에 오려고 엄마가 회사에 하루 휴가까지 냈다. 책방에 거의 매주 오는 6살 친구도 있고, 책방 문을 여는 10시 30분에 들어와 점심시간에만 나갔다가 오후 6시에 문을 닫을 때까지 책방에서 시간을 보내는 아이들도 있다.

   좋은 대학에 가고 부자가 되려면 수학을 잘해야 한다고 하면서도 정작 수학을 좋아한다고 말하면 이상하게 바라보는 세상

이다. 수학 좋아하는 아이들은 외롭다. 유명 학군지에 사는 4학년 아이는 학교에서 수학을 싫어하는 아이들을 보는 게 너무 괴롭다고 한다. 청년들은 어떨까. 다 자랐을 때도 수학을 좋아하는 마음이 여전할까? 교대를 다니다가 수학을 더 공부하고 싶어서 반수로 수학과에 진학한 어떤 학생은 학교에서 수학 얘기를 꺼내면 친구들이 그야말로 '재수 없다'는 표정을 짓는다고 한다. 그래서 수학 이야기를 할 기회도, 그런 공간도 없었다고 한다. 우리는 함께 수학 이야기를 실컷 나누었다. 수학책으로 가득한 이 공간이 누군가에게는 숨을 쉬는 공간이 될 수 있다.

"수학 좋아하는 사람이 어디 있냐?"라며 고개를 절레절레하는 사람들에게 말해주고 싶다. 바로 여기에 있다고. 우리 책방으로 수학책을 읽는 사람들이 점점 더 몰려오고 있다. 그들이 더 당당하게 수학 좋아하는 마음을 표현할 수 있었으면 좋겠다.

그래서 우리는 2호점을 냈다.

데카르트 수학책방이 알려주는 수학책 큐레이션

문제 없는 수학책

초판 1쇄 인쇄 2024년 7월 2일
초판 1쇄 발행 2024년 7월 9일

지은이 강미선 · 정유숙

대표 장선희 **총괄** 이영철
책임편집 현미나 **기획편집** 한이슬, 정시아, 오향림 **정리 및 구성** 최수진
책임디자인 양혜민 **디자인** 최아영
마케팅 최의범, 김경률, 유효주, 박예은
경영관리 전선애

펴낸곳 서사원 **출판등록** 제2023-000199호
주소 서울시 마포구 성암로 330 DMC첨단산업센터 713호
전화 02-898-8778 **팩스** 02-6008-1673
이메일 cr@seosawon.com
네이버 포스트 post.naver.com/seosawon
페이스북 www.facebook.com/seosawon
인스타그램 www.instagram.com/seosawon

ⓒ 강미선 · 정유숙, 2024

ISBN 979-11-6822-302-8 03370

서사원은 독자 여러분의 책에 관한 아이디어와 원고 투고를 설레는 마음으로 기다리고 있습니다.
책으로 엮기를 원하는 아이디어가 있는 분은 이메일 cr@seosawon.com으로 간단한 개요와 취지,
연락처 등을 보내주세요. 고민을 멈추고 실행해보세요. 꿈이 이루어집니다.